O Fim do Estado de Direito

Governar por *standards* e indicadores

Dados Internacionais de Catalogação na Publicação (CIP)

F947f Frydman, Benoit.

O fim do estado de direito : governar por standards e indicadores / Benoit Frydman ; tradução Mara Beatriz Krug ; revisão Jânia Maria Lopes Saldanha. 2. ed. rev. – Porto Alegre : Livraria do Advogado, 2018.

94 p. ; 21 cm. – (Estado e Constituição ; 17)

ISBN 978-85-9590-038-7

1. Direito - Filosofia. 2. Normas jurídicas. 3. Teoria do Estado. 4. Legitimidade. I. Krug, Mara Beatriz. II. Saldanha, Jânia Maria Lopes. III. Título. IV. Série.

CDU 340.12

CDD 340.11

Índice para catálogo sistemático:

1. Direito : Filosofia 340.12

(Bibliotecária responsável: Sabrina Leal Araujo – CRB 10/1507)

Estado e Constituição – 17
Jose Luis Bolzan de Morais (Diretor)

BENOIT FRYDMAN

O Fim do Estado de Direito

Governar por *standards* e indicadores

Tradução
Mara Beatriz Krug
Revisão
Jânia Maria Lopes Saldanha

2ª EDIÇÃO
– revista –

livraria DO ADVOGADO editora

Porto Alegre, 2018

Capa, projeto gráfico e diagramação
Livraria do Advogado Editora

Tradução
Mara Beatriz Krug

Revisão
Jânia Maria Lopes Saldanha

Rua Riachuelo, 1300
90010-273 Porto Alegre RS
Fone: 0800-51-7522
editora@livrariadoadvogado.com.br
www.doadvogado.com.br

Impresso no Brasil / Printed in Brazil

Agradeço a Gregory Lewkowicz e Arnaud Van Waeyenberge pela ajuda e dedicação na elaboração deste estudo, ao mesmo tempo, por suas reflexões, suas sugestões e releituras

Nota da organização

Chegamos a mais um título nesta Coleção Estado e Constituição. Agora e mais uma vez, temos a satisfação de ofertar ao público brasileiro, com o apoio e a parceria de sempre da Profa. Jânia Maria Lopes Saldanha, um trabalho do Prof. Benoit Frydman. Nele, este pesquisador brilhante da Escola de Bruxelas, põe em discussão um tema pouco ou nada objeto de pesquisas deste nível no Brasil, apesar de sua centralidade para o debate contemporâneo em torno do Direito, quando as fórmulas tradicionais e clássicas da modernidade jurídico-estatal já não conseguem dar conta da complexidade própria à regulação contemporânea.

Por isso mesmo, este trabalho vem ao encontro daquilo que tem pautado o conjunto dos textos aqui publicados, onde a interrogação acerca dos fenômenos contemporâneos que incidem sobre Estado e Constituição é a tônica.

Assim, pretendemos contribuir para a reflexão de todos aqueles que buscam entender e incidir criticamente sobre tais assuntos.

Boa leitura.

Jose Luis Bolzan de Morais

Diretor da Coleção Estado e Constituição

Sumário

Apresentação

"...transformar o presente no 'pós', ou,
como eu disse anteriormente,
tocar o lado de cá do futuro."
Homi Bhabba, *O local da cultura.*

O professor Benoit Frydman é um dos principais teóricos contemporâneos da Escola de Bruxelas, conhecida pelo trabalho de pesquisa inovador no campo da filosofia e da ciência do direito, por sua orientação prática e interdisciplinar, pelo método pragmático e pelo esforço em compreender a sociedade e suas transformações.

A partir dos anos 1990 os juristas e pesquisadores da Escola renovaram e aplicaram os seus métodos para melhor compreender e encontrar possíveis respostas ao fenômeno global. Os trabalhos de pesquisa desenvolvidos pelo Professor Frydman e pelo grupo de investigadores que estão sob sua direção, analisam, incansável e inovadoramente, os efeitos mais expressivos da globalização sobre o Estado, sobre suas instituições jurídico-políticas e, de uma maneira geral, com respeito às transformações das fontes do direito. A alta qualidade dos estudos sobre a internormatividade expressa de maneira contundente o esforço intelectual da Escola de Bruxelas para enfrentar, de maneira ousada e competente, a complexidade do mundo atual.

A obra de Benoit Frydman é um desses livros que surpreendem por apresentar ao público brasileiro um domínio novo no campo da teoria jurídica ao qual os juristas locais pouco têm dedicado sua atenção. Acostumados a perceber o direito a partir de suas fontes clássicas, aqui os leitores terão descortinado diante de si um mundo paralelo de normas, desconhecido e estranho, mas que existe, orienta, domina nossas vidas e que, por isso, deve ser estudado e compreendido.

Essa nova dimensão do Direito, que não é produto do trabalho dos legisladores, desenha um universo normativo que, de um lado, não cessa de ampliar-se e, de outro, impõe-se pela força dos fatos advindos das exigências de campos muito específicos do mundo globalizado, como o da Internet, do meio ambiente, da propriedade industrial, dos contratos internacionais e dos investimentos, das patentes, do mercado de carbono, dos sistemas de justiça, entre outros. A limitação dessas referências justifica-se pela própria largueza dos campos regulados por novos instrumentos, denominados pelo autor de ONNI – Objetos Normativos Não Identificados.

O impacto da diversidade e do volume numeroso desses ONNIs, descritos de maneira lúcida nesta obra, se nos surpreendem em um primeiro momento, é abrandado pelo extraordinário inventário e pelo trabalho de decriptagem que o autor realiza acerca dessa nova normatividade, representada pelas normas técnicas e pelas normas de gestão produzidas pelo trabalho de múltiplos órgãos privados e públicos, nacionais e não nacionais.

Benoit Frydman, embora filósofo-jurista, realiza verdadeiro trabalho de síntese arqueológica com o fim de demonstrar a longa história cruzada entre as normas técnicas e as normas de gestão para dizer que, se podem ser consideradas novidade para os juristas do mundo ocidental da contemporaneidade, têm uma vida tão longa quanto aquela das normas jurídicas que conhecemos.

A antiguidade da pedra de Hamurabi ou da estátua do Rei de Chaldée ou a modernidade da Carta da Indústria de Colbert até o sofisticado GPS, o Big Data, a labelização e toda sorte de estandardização do tempo presente, confirmam a regulação de extensos domínios da vida por meio da normalização produzida pelas normas técnicas.

Se ela nasce em espaços limitados, a partir da Segunda Guerra Mundial essa normalização se institucionaliza em nível internacional. Por exemplo, as normas ISO, com origem na década de 40 do Século passado, desempenharam um papel central para o crescimento da normalização em nível global, sobretudo porque fomentaram a criação de instituições de normalização integradas para favorecer o desenvolvimento da economia e dos mercados, cujo precursor foi o bloco de integração econômica europeu e hoje, em sua versão mais sofisticada, tem a pretensão de regular a responsabilidade social das empresas.

Dividido em dois, esse novo continente, além das normas técnicas, apresenta as normas de gestão. Contador competente dessa história interessante, o Professor Frydman nos indica que ela não está terminada. Paralelamente às normas técnicas, também as normas de gestão, ao longo do tempo, têm produzido instrumentos e dispositivos que "gerenciam, organizam e dirigem a conduta dos seres humanos e das populações" cujo fim é conjugar qualidade e quantidade no trabalho das organizações, medidas por referência aos chamados pontos de controle e em consideração aos indicadores. De fato, segundo o autor, nesse cenário as tecnologias de informação e comunicação assumem um papel vertebral e dentre as quais o *benchmarking* transformou-se no ícone da nova administração.

É preciso reconhecer que, de fato, existe uma não desprezível dose de sedução no uso das normas técnicas e de gestão, sedução essa que torna opaco, por um lado, o brilho assumido pela lei no mundo moderno e, por outro, estimula o seu declínio, tal como vaticinara Foucault e que com sabedoria, lembra o Prof. Frydman.

Assim, a "luta pelo Direito", defendida por Ihering, é atravessada pela concorrência entre essas novas normatividades técnicas e de gestão com as tradicionais regras jurídicas. Em um tempo em que o fenômeno da globalização coloca em questão o lugar e o papel que continua a desempenhar a tradição jurídica, sobretudo a nacional, diante da crescente internacionalização do Direito e da necessidade de harmonização jurídica em face da inexorável permeabilidade recíproca entre o nacional, regional, supranacional e o internacional, cabe também refletir sobre o seu lugar diante do fenômeno da internormatividade.

Trata-se de reconhecer que a tradição não possui uma etiqueta inflexível, tampouco um protocolo imutável, como aduz Lenclud. É por isso que a pós-modernidade pode ser pensada como o além da modernidade. Entretanto, esse "além", que é insistentemente olhado como uma condição para questionar – quiçá transformar – a tradição, somente se entendido em sua energia inquieta e revisionária, como refere Homi Bhabba, é que será a condição de possibilidade para o "pós" ser realmente transformador do presente para um lugar expandido e excêntrico de experiência. Lenclud afirma que todo grupamento humano constrói sua tradição num caminho que se inicia no presente e dirige-se ao passado. Com isso, para ele, a tradição opera uma retroprojeção e institui uma filiação invertida: "longe dos pais engendrarem os filhos, os pais nascem dos filhos". Não é, enfim, o passado que produz o presente, mas é este que o produz: "a tradição é um processo de reconhecimento de paternidade". Tal sabedoria permite verificar, em um sentido agora funcionalista, que a utilidade da tradição é fornecer ao presente uma 'caução' para o que ela é.

A análise que o Professor Frydman realiza dos ONNIs é a de justamente afirmar, em outras palavras, que a tradição é esse saber preservado – pelas regras jurídicas, nossas velhas conhecidas –, quanto também uma diferença proclamada – pelas normas técnicas e de gestão.

Com efeito, o intento do autor é demonstrar que no vasto laboratório da globalização esta disputa inescapável deve ser levada a sério pelos juristas, seja para completar a teoria do direito por uma teoria das normas que considere não apenas os modos de elaboração, de aplicação, as instituições envolvidas, as dinâmicas e os conflitos que envolvem os fecundos processos de interação normativa, seja também para perceber a necessidade de os juristas dialogarem com especialistas de outros domínios do conhecimento humano, cuja expertise invade o mundo do direito e para a qual devem estar preparados se quiserem manter sua "eminente função de especialistas de normas", como afirma o Prof. Frydman, com a consciência do impacto sobre o Estado de Direito.

Devemos parabenizar tanto o autor pela excelência de seu trabalho, quanto a Livraria do Advogado por possibilitar o acesso do leitor brasileiro aos mundos do Direito ainda não inteiramente desvelados.

No inverso de Porto Alegre, em julho de 2016.

Profª. Doutora Jânia Maria Lopes Saldanha
Prof. Doutor Jose Luis Bolzan de Morais

Introdução

Os trabalhos que conduzimos no período de quinze anos no seio do Centro Perelman de Filosofia do Direito, sobre as transformações do Direito contemporâneo no contexto da globalização, nos levou a observar, nos diferentes "canteiros de obras" que estudamos, que o direito global em construção não se caracteriza somente por uma mudança na escala das regras, mas por uma mutação profunda das normas e dos processos de regulação, também da própria natureza das normas em uso.[1] Tivemos a possibilidade de constatar em nossas pesquisas, conduzidas, segundo o método pragmático próprio da Escola de Bruxelas,[2] que as regras jurídicas clássicas estão cada vez mais em concorrência com outros tipos de normas, em particular com normas técnicas e de gestão, que parecem encontrar, especialmente no contexto supra ou transnacional, um terreno de desenvolvimento favorável em detrimento das regras e das instituições jurídicas clássicas.[3] A partir de então, nos

---

[1] Para uma síntese recente desses trabalhos, ver: B. FRYDMAN, *"Comment penser le droit global"*, in J. Y. CHÉROT e B. FRYDMAN (dir.), *La science du droit dans la globalisation*, Bruylant 2012, p. 17-48.

[2] Sobre a abordagem pragmática do Direito pela Escola de Bruxelas, ver: B.FRYDMAN e G. LEWKOWICZ, *"Le droit selon l'École de Bruxelles*, ed. de l'Academie Royale de Belgique, 2014. Ver também: B. FRYDMAN, *"Perelman et les juristes de l'École de Bruxelles*", in B.FRYDMAN e M. MEYER (dir.), Chaïm Perelman (1912-2012): *De la nouvelle rhétorique à la logique juridique*, Paris, P.U.F., 2012, pp. 229-246 e B. FRYDAMN, *"Le rapport du droit aux contextes selon l'approche pragmatique de l'École de Bruxelles"*, *Revue interdisciplinaire d'études juridiques*, vol. 70, 2013, p. 92-98.

[3] A mesma constatação já havia sido feita de maneira precoce por D. LOSCHAK, *"Droit, normalité et normalisation"*, *le droit en procés.* Paris: P.U.F., 1983, p. 51 e seg.

pareceu necessário e urgente darmos toda nossa atenção a essas "outras" formas de normatividade, que não fazem parte do catálogo clássico das fontes do Direito, de compreender a origem, a lógica e o funcionamento delas, de estudar as maneiras com que se exercem, como são empregadas e entram em relação com as regras jurídicas e as instituições políticas.[4]

Na primeira parte (I), esboçaremos as grandes etapas da história, entrecruzadas com as normas técnicas e os dispositivos de gestão, história que não é menos antiga que a das regras jurídicas, a fim de compreender melhor os instrumentos e as lógicas específicas que presidem sua evolução e o desdobramento de seu poder normativo.[5] Na segunda parte (II), mostraremos, com base em exemplos precisos e variados, como as normas técnicas e de gestão impõem uma real concorrência às regras e às instituições jurídicas no contexto da construção europeia e da globalização.[6] Finalmente, na última parte (III), após termos examinado a questão da legitimidade dessas normas e sua relação com o Direito, esboçaremos os grandes traços de um programa de pesquisas pragmático sobre a concorrência das normatividades.[7] Mas começamos apresentando as formas menos familiares de normas, nos interrogando sobre as

---

[4] Para uma empresa similar recente, dirigida pelo quadro executivo do movimento *Global Administrative Law* (*GAL*) pela Universidade de New York (NYU): K. DAVIS; A. FISCHER; B.KINGSBURY; S.ENGLE MERRY (dir.), *Governance by Indicators. Global Power Through Qualification and Rankings*, Oxford, U.P., 2012.

[5] Sobre o conceito de "força normativa", ver: C. THIBIERGE (dir.), *La force normative. Naissance d'un concept*, L.G.D.J., 2009.

[6] Um grande número desses exemplos, e de outros, ainda são analisados de maneira aprofundada nas contribuições reunidas na primeira parte da presente obra.

[7] A presente pesquisa sobre as normas técnicas e de gestão é, na verdade, chamada a se estender em um programa coletivo de pesquisa sobre "a concorrência das normatividades", subsidiada pelo FNRS e conduzida em colaboração com as equipes de F. Ost na Universidade de Saint-Louis, e de E. Delruelle e F. Caeymaex na Universidade de Liège.

razões pelas quais elas foram, até aqui, ignoradas pela teoria do Direito.

O próprio vocabulário não está inteiramente fixado nem destituído de ambiguidades.[8] A palavra "norma" vem do latim *norma* que em sua origem designa um esquadro, bem como *regula*, que quer dizer "regra", designa também o instrumento do mesmo nome (régua). Entretanto, o uso da palavra "norma" em francês, é menos corrente e mais tardio que a palavra "regra". Assim, Canguilhem indica que "normal" só apareceu em 1759, passando progressivamente do vocabulário técnico à linguagem popular em razão do uso que foi feito dela por ocasião de reformas, no domínio hospitalar e escolar (particularmente a criação da "escola normal").[9] Em Direito, o uso do termo "norma" é igualmente raro até o século XIX, e só foi verdadeiramente popularizado por Kelsen.[10] Seu significado é mais amplo que as regras jurídicas, e não são mais que uma variedade de normas por prescrição, entre outras famílias de normas que se apoiam na convenção ou observação de regularidades.[11] Mas o jurista francófono contemporâneo utiliza com frequência e diferentemente os termos "regras" e "normas" para designar objetos jurídicos. Já o inglês recorre igualmente à palavra "*norm*", em um sentido bastante amplo, onde, entretanto, entra o componente moral, ele dispõe de termos mais precisos para distinguir, de uma parte, as ações do Direito (*legal rules*) e, de outra, as normas técnicas (*standards*). A palavra inglesa "*standard*" é, aliás, ela própria polissêmica, já que designa, ao mesmo tempo, tanto a norma

---

[8] Sobre este ponto, ver: D. LOCHAK, *Droit, normalité et normalisation*, op. cit., bem como, da mesma autora, *Le V° Normalité dans le Dictionnaire enciclopédie de théorie et de sociologie du droit*.

[9] G. CANGUILHEM, *Le normal et le pathologique*. Paris: P.U.F., 1966, p. 171 e seg.

[10] O. PFERSMANN, V° "Norme", in D. ALLAND e S. RIALS (dir.). Dictionnaire de la culture juridique. Paris: P.U.F., 2003.

[11] *Ibidem*.

técnica, como a norma ISO, por exemplo, como o modelo (de comportamento ou de um objeto), de padrão (de medida) ou de *benchmark* (nível de referência).[12] Na sequência deste texto, utilizaremos, com a preocupação de clareza, o termo "norma" no sentido do "*standard*" inglês e reservaremos o termo "regra" para as fontes jurídicas clássicas.

Durante muito tempo, os juristas trataram as normas, ditas técnicas, com desprezo ou condescendência. O Direito constituía a única forma de normatividade, ao mesmo tempo legítima, enquanto instrumento do poder estatal soberano, e eficaz enquanto a única suscetível de acionar o uso da força pública. Um estudante de Direito podia, e ainda pode, não ter jamais ouvido falar de outras espécies de normas durante toda a duração de seus estudos universitários. Elas não constituem regras jurídicas, elas não podem pretender um lugar na majestosa "pirâmide das normas", senão, em um nível muito inferior que escapa quase completamente à observação e ao estudo.

Contudo, o Direito não ignora completamente as outras normas e pode até ratificá-las ocasionalmente como forma auxiliar de normatividade, delegada e subordinada. Assim, o juiz, confrontado com uma questão de responsabilidade, por exemplo, em um litígio relativo à construção de um imóvel, poderia apreciar a demonstração de um erro do arquiteto, do empreendedor ou de um dos grupos do trabalho, em referência ao respeito às "regras da arte", ou seja, a conformidade em relação às normas técnicas, examinadas no âmbito de uma competência. Isto se aplicaria a quase todos os domínios do Direito para apreciar o respeito pelo profissional das "práticas corretas", inclusive em matéria médica ou, ainda, em prescrições de segurança, de higiene

[12] O. BORRAZ, "*Les normes, instruments dépolitisés de l'action publique*", *in* P. LASCOUMES e P. LE GALÈS (dir.), *Gouverner par les instruments*. Paris: *Presses de Sciences Po*, 2004, p. 123-161, especialmente p. 24.

ou de proteção ao meio ambiente. O próprio legislador, e mais frequentemente as autoridades reguladoras, integrarão regularmente referências às normas técnicas e imporão respeito, seja para prolongar e completar no detalhe da regulamentação jurídica, seja para se referir aos instrumentos de medidas estabelecidos por esses dispositivos, para definir, por exemplo, um limite tolerável em matéria de ruído, emissão de substâncias nocivas ou qualidade de um produto ou serviço.

Na realidade, quando pensamos nisso, não há nada no domínio de nossa existência, de nosso mundo, que não esteja, de uma parte a outra, atravessado e mesmo saturado por normas, trata-se de nosso corpo e de nossa saúde, da economia e de nossas profissões, do meio ambiente natural e tecnológico, de nossa relação com os objetos, e até mesmo da política, da escola, da justiça e dos direitos humanos. A despeito desta constatação, que cada um pode fazer e que poucos pensarão em contestar, as normas técnicas eram até pouco tempo como o "parente pobre" no campo da Teoria do Direito, como se nada ou pouco houvesse a dizer sobre isso, levando em conta seu caráter puramente técnico (entenda-se como desprovido de jogo político) e de sua posição infinitamente modesta na escala das normatividades. Sendo muito subordinados ao Direito no domínio da técnica, as normas técnicas seriam somente mencionadas em anexo e para a memória (e às vezes nem isso) nas obras da Teoria do Direito e da Metodologia Jurídica. Ainda hoje – tenho esta experiência quotidianamente – fica, muitas vezes, difícil evocar ou analisar essas formas de normatividade sem se fazer replicar que "isto não é do Direito" e que, a partir daí, seria conveniente, se não estiver completamente interessado, ao menos não gastar muita energia com o tempo precioso que o jurista concede ao exame das "fontes" oficiais. No máximo, os mais abertos tentarão inserir essas normas técnicas na categoria residual e vaga da *soft law*, esse direito flexível ou fraco, espécie de quarto de depósito, cada vez mais abarrotado e impenetrável, na medida em que aí se situam os objetos heteróclitos, com os quais o jurista não sabe o que fazer, e que se assemelha ao brechó desprezado (mas como um tesouro escondido!) do primo Pons de Balzac.

A despeito de seu crescente emprego, as normas técnicas ocupam um território pouco ou mal explorado, este dos objetos normativos não identificados.[13] Elas figuram o impensado da Teoria do Direito clássico, mas também das reflexões, dos discursos e das práticas políticas e sociais que continuam colocando a lei, as regras jurídicas, a justiça e o Direito em primeiro plano. A causa disso é, provavelmente, esta posição auxiliar, subordinada e periférica que as normas ocupam na Teoria do Direito, e, o organograma político-jurídico do poder e de seus instrumentos. Podemos, todavia, nos questionar se esta extraordinária descrição das normas, que contrasta singularmente com sua onipresença e seu caráter indispensável ao funcionamento da sociedade moderna, não tem uma causa mais profunda, que tem parte ligada com a ontologia da modernidade e a hermeticidade das categorias que ela destaca entre os seres.

Como bem demonstrou Bruno Latour, em seu ensaio *Nous n'avons jamais été modernes*, o que ele chama "constituição moderna" inventou e impôs uma *summa divisio* dos seres em dois domínios estranhos um ao outro: a natureza e a cultura.[14] A esta divisão correspondem as duas grandes categorias de seres: os objetos (de ciência) de um lado, e os sujeitos (de direito)

---

[13] Sobre noção de "objeto normativo não identificado" ou O.N.N.I., ver B. FRYDMAN, "*Comment penser le droit global*", in J. Y. CHÉROT e B. FRYDMAN (dir.) *La science du droit dans la globalisation*, Bruxelas, Bruylant, 2012, pp. 17-48, especialmente pag. 20-21. O uso do termo O.N.N.I. para "objeto normativo não identificado" visa simplesmente evitar uma querela sobre a definição e extensão do conceito "direito".

[14] B. LATOUR, *Nous n'avons jamais été modernes*. Paris: La Découverte, 1991; col. Poche, 1997, p. 47.

do outro.[15] Cada um dos dois domínios está submetido a um governo específico: o da ciência, para os objetos; o da política, para os sujeitos. Neste império dividido, o sentido antigo da palavra "lei", que para os Antigos governava, ao mesmo tempo, a ordem do mundo e da cidade, se desata e só é compreendida como homonímia vazia. De um lado, as leis científicas prestam conta da regularidade dos fenômenos observados, calculados e experimentados; de outro, as leis humanas designam os atos de vontade, pelos quais o poder político formata e organiza a sociedade dos homens.[16]

O efeito dessa grande divisão ontológica é de interditar as mediações entre os objetos e os sujeitos. Para a ontologia moderna, seja uma pessoa, seja um objeto, *tertium non datur*, deve-se tratá-lo como tal. Essa fronteira não é unicamente de fato, mas de direito. Assim, em Kant, os dois domínios, o do "céu estrelado acima de mim" e o da "lei moral em mim", determinam dois territórios contíguos, mas separados de razão (teórica e prática).[17] O imperativo categórico manda desde sempre tratar um "ser dotado de razão" (ou seja, uma pessoa), como um "fim em si" e jamais como um "meio", ou seja, não o tratar como objeto, não o instrumentalizar. E, Habermas retomará, após o horror absoluto de Auschwitz, que manifesta a monstruosidade inuma-

---

[15] B. LATOUR, *Nous n'avons jamais été modernes.* Paris: La Découverte, 1991; col. Poche, 1997, p. 45-46.

[16] O Direito Natural moderno constitui uma exceção somente aparentemente a esta divisão da constiuição moderna. Na verdade, contrariamente ao antigo Direito Natural e apesar de seu nome, não pensa em fundar ou descobrir o direito na ordem natural e realidade das coisas. "Direito Natural" é uma fórmula diminuída para "direito descoberto, com a ajuda da única razão natural". Na tradição contratualista dominante (Hobbes, Locke, Rousseau...), o Direito representa uma instituição da sociedade civil que procede de uma ruptura nítida e irremediável com o "estado natural" que produz o contrato social. O Direito Natural moderno remete assim, ao mesmo tempo, à lei política de Souver in e aos direitos humanos, no qual estão investidos os sujeitos (cf.L. STRAUSS, *Droit naturel et histoire*, Paris, Flammarion, 1986).

[17] "Duas coisas enchem meu espírito de admiração e respeito incessantes: o céu estrelado acima de mim e a lei moral em mim" (E. KANT, *Critique de la raison pratique*, 1788).

na de um "tratamento" técnico e administrativo da destruição de seres humanos, esta exigência moral de manter a razão tecnicista o mais afastada possível da deliberação livre dos homens.[18]

Ora, é aqui que a reflexão de Latour se revela a mais pertinente e útil, esta dicotomia estanque das pessoas e das coisas não tem o efeito de suprimir os híbridos.[19] Para os pensadores Iluministas, ela ocorre, ora a caça aos híbridos, que convém purificar, ora a uma espécie de rechaço que, por seu lado, conduz a uma total falta de discernimento. Assim, longe de fazer desaparecer, esta dicotomia tem somente como efeito tornar invisível, impensável e irrepresentável o trabalho de mediação que junta os "híbridos".[20] De maneira que, na intersecção das categorias estanques do sujeito e do objeto, os híbridos invisíveis proliferam[21] e saturam progressivamente o interstício até explodir as categorias da ontologia moderna e colocar em crise a própria Modernidade.[22]

A análise de Latour tem o mérito de nos fazer compreender, ao mesmo tempo, o sucesso das normas e o silêncio que as cerca. As normas técnicas são, na verdade, uma espécie de legislação híbrida, que asseguram uma forma de mediação entre as leis científicas

---

[18] Nesse sentido, B. Latour, op. cit., p. 81; J. Habermas. *La technique comme science et comme idéologie*, Paris, Gallimard, 1973. A necessária separação das duas ordens de conhecimento, a razão teórica e a razão prática, é particularmente um manifesto na obra de J. Habermas, *Connaissance et intérêt*, Paris, Gallimard, 1976, que data do mesmo periodo (1968) que o precedente e segue *Théorie et pratique*.

[19] De uma maneira interessante, Latour nomeia esses híbridos de "redes".

[20] Latour, *op. cit.*, p. 52-53.

[21] Tome como exemplo a categoria jurídica de "pessoa moral" que conhece um desenvolvimento extraordinário e uma importância econômica central, a partir da segunda metade do Século XIX. Ela designa, na realidade, um híbrido, como a empresa ou a coletividade pública que reagrupa, ao mesmo tempo, pessoas (trabalhadores, cidadãos) e coisas (máquinas, locais...), e consiste em tratar este conjunto como uma pessoa, inclusive reconhecendo nela o benefício de alguns direitos «humanos».

[22] O tema reaparece frequentemente no ensaio, *op. cit.*, p. 63,78,91, etc.

e as regras jurídicas. Tomamos como exemplos uma norma referente ao ruído, taxas aceitáveis de dioxina no leite ou, de composição imposta, como liga metálica. Trata-se por sua vez de normas regulamentares do tipo jurídico, pelas quais a autoridade política impõe certo comportamento aos destinatários, mas por seu turno também, essa regra busca sua fonte nas observações científicas que evidenciaram experimentos específicos – o nível onde o ruído provoca sofrimento ou lesões no aparelho auditivo, o nível de concentração a partir do qual a dioxina é tóxica para o organismo humano, o limite de resistência e o ponto de ruptura de um material de construção.

Nossas concepções clássicas têm dificuldade para explicar, e até passam em silêncio, essa transição do tubo de ensaio ao aparelho institucional, essa mediação entre a experiência do laboratório e os votos do parlamento. Prefere-se, com frequência, continuar a separar, conforme a maneira da Constituição moderna, de um lado, as normas técnicas que determinam a fabricação, a circulação e a administração das coisas, e, de outro, as regras jurídicas que determinam o comportamento e as relações entre os homens. Contudo, esta distinção, se nunca fez sentido, torna-se insustentável quando as "coisas" que se pretende administrar não são mais produtos, mas serviços, ou seja, atividades humanas, e que as normas técnicas se transformam em normas de gestão e em ferramentas de administração. Se quisermos melhor compreender essas normas, perceber sua lógica própria e seus instrumentos enquanto tais, e não sempre por referência exclusiva às regras do Direito, é preciso começar por arranjar ou organizar um lugar para elas, fazê-las existir contando sua história e considerando sua evolução.

I – A dupla história entrecruzada das normas

Entretanto, dizemos: não é possível escrever a história das normas, pois ela não é nada mais do que a própria história da cultura.[23] A cultura é um entrelaçamento de normas; ao menos, uma de suas constituições. O que são a linguagem, a escrita[24] ou o sistema numérico, senão normas?[25] E também o conjunto das instituições, das convenções e das medidas que regulamentam nossas vidas. Mas se não se pode isolar as normas na cultura, ao menos podemos identificar os dispositivos de normalização, por meio dos quais as normas são artificialmente fabricadas, estabelecidas, e conseguem se impor. As normas sintéticas requerem uma norma de saber e necessitam o recurso às técnicas, a uma forma engenhosa de um gênero específico.

Ainda que limitada, essa história remonta à mais alta Antiguidade. Se a história do Direito começa suas narrativas com a pedra de Hamurabi,[26] os historiadores das normas técnicas não param aí, e se lhe opõem com a imagem de outro rei mesopotâmico, muitos séculos

---

[23] No mesmo sentido, J. MAILY, *La normalisation*, Paris, Dunod, 1946, p. 11, reportando diversas citações de especialistas, segundo os quais, a normalização é "antiga como o mundo", ou "tão antiga quanto a própria humanidade".

[24] Nesta compreensão, a normalização caligráfica e, após, a invenção da impressão gráfica, esta dos caracteres, que subsiste nos tratamentos dos textos contemporâneos.

[25] Também nesse sentido, J. MAILY, op. cit., p. 12-13.

[26] D. CHARPIN, *Hammurabi de Babylone*. Paris: P.U.F., 2003.

mais antigo: "podemos vê-lo no Museu do Louvre, como escrevia M. Ponthière, a estátua do rei de Chaldée Goudéa, que viveu 3000 anos antes de Jesus Cristo. Seus joelhos estão envoltos por tábuas de algarismos, provavelmente, normas de construção. Embaixo, há uma régua de mais ou menos 27 centímetros, graduada em divisões de 17 milímetros, que naquela época era o metro dos carpinteiros e dos pedreiros. Gaudéa o havia *homologado*".[27]

A história das normas é dupla. Ou antes, nossa Modernidade, da qual não é tão fácil se desprender, nos faz vê-la dupla. Propomo-nos esboçar aqui duas grandes etapas, nos situando numa e noutra parte da fronteira dos seres. Contaremos, portanto, de uma parte, a padronização das coisas (normas técnicas) e, de outra, a conduta dos homens e dos povos (os dispositivos de gestão). Essas duas histórias, as compreenderemos, só estão separadas por um efeito de ótica; na realidade, seus fios se entrecruzam e se confundem. A norma, contrariamente à regra, se limita um pouco em distinguir os homens e as coisas. Como escreveu Georges Canguilhem, em sua precursora obra *Le normal et le pathologique*, "em dado momento, a experiência da normalização não se divide, ao menos em projeto".[28] Sobre isso, ele dá como exemplo as normas morfológicas militares do final do Antigo Regime, que tratam ao mesmo tempo dos homens e dos cavalos.[29] Poderíamos acrescentar a isto a *Carta da indústria de Colbert*, cujos 59 artigos regulamentam tão bem as condições de entrada e a instrução dos trabalhadores, quanto as medidas

[27] M. PONTHIÈRE, Origines de la normalisation, 1939, citado por J. Maily, op. cit., p. 14. A estátua de Goudéa está hoje datada de 2100 a.C., o que é, contudo, diversos séculos anterior à estela de Hamurabi, datada por volta de 1750 a.C.

[28] G. CANGUILHEM, *Le normal et le pathologique*, P.U.F., 1966, p. 182.

[29] G. CANGUILHEM, *op. cit.*, p. 181. Canguilhem, *op. cit.*, p. 181. Os animais são como o sabemos, para a modernidade e especialmente para o Direito Civil, próximos das coisas, enquanto as iniciativas se multiplicam no debate contemporâneo por lhes acordar um status híbrido.

e qualidades dos fios, linhas e tecidos para fabricar.[30] Veremos, também, que a algumas décadas as normas técnicas (das coisas) e os dispositivos de gerenciamento (dos homens) tendem de novo a se confundir e conjugar sua potência. Assim, as duas histórias entrecruzadas acabarão por formar uma única história.

a) Normalização técnica

Nos países dos grandes povos construtores, encontram-se traços da normalização dos materiais, desde tijolos, pedras e ornamentos padronizados das primeiras cidades da Assíria, da Mesopotâmia e das pirâmides do Egito[31] até as catedrais góticas da Europa do Norte.[32] Encontram-se aí, igualmente, sinais da normalização nas proporções das construções, como o famoso número de ouro[33] e as dimensões do templo de Salomão.[34] Outras normas organizaram, bem cedo, as redes de comunicação, como os pombos mensageiros da antiga China, as canalizações de água[35] ou as famosas vias romanas, tão precisamente regulamentadas quanto à sua construção, circulação e sua manutenção.[36] Geralmente, numerosas estruturas em países de povos antigos, ditos "primiti-

---

[30] Ch. BIERRE, "Jean-Baptiste Colbert, construtor da nação ou da política do grande desígnio", in *L'Europe vecteur d'une reprise de l'économie mondial*, Institut Shiller, 1992, acessível on line no endereço: <http://www.agora-erasmus.be/Jean-Baptiste-Colbert-Batisseur-de>.

[31] J. MAILY, op. cit., p. 13-14.

[32] Ver a respeito o excelente filme documentário de Ch. LE GOLF e H.CLASSMAN, As catedrais reveladas (2012).

[33] NT: Também conhecido como o Pi da matemática.

[34] *Ibidem*.

[35] M. PONTHIÈRE, Rapport sur les origines de la normalisation, citado por MAILY, p. 14, n° 2, citando a medida e o peso padronizados dos condutos de chumbo utilizados pelos romanos nas canalizações de água.

[36] Ch. SANDVIG, *"Communication Infrastructure and Innovation: The Internet as End-to-End Network that Isn't"*. Trabalho apresentado *em AAAS/Columbia/ Rutgers Joint Research Symposium with the Next Generation of Leaders in Science and Technology Policy*, Washington, DC, USA, novembro 2002.

vos", regulam de maneira normalizada a troca e a circulação de sinais, dos bens e das pessoas, como tão bem demonstrou Claude Levi Strauss.[37]

Em se tratando de civilizações antigas, de povos ditos sem história ou de Estados Modernos, os dispositivos de normalização se prendem não somente aos meios e às regras de troca, mas igualmente a seus próprios termos. Sobre isso, a moeda constitui o exemplo o mais típico e o mais importante,[38] mas também o estabelecimento e o controle dos calibres de medição, desde o controle de pesos e medidas das feiras de comércio até o triunfo do sistema métrico no momento da Revolução Francesa.[39] A normalização permite, da mesma maneira, a marcação e a identificação das pessoas e dos bens pela uniformização progressiva e cada vez mais exata da medida do tempo e da localização no espaço, este último, por meio da agrimensura e do cadastro do meridiano, atualmente do GPS; ainda, pela citação (intimação) de nomes, de identidades, de denominações e mais amplamente pela padronização da língua e de suas modalidades, ou seja, a escrita, a ortografia, etc. Todas as normas de base que, indistintamente, dizem respeito às pessoas e às coisas garantem uma forma de grade do mundo e dos seres, animados ou não, uma forma de linguagem comum e de base, necessárias às normas técnicas e gerenciais, das quais vamos tratar agora.

As normas técnicas acompanham a indústria, que assegura a fabricação das coisas. Elas servem para

---

[37] A ideia de que estes três tipos de troca formam a base da cultura se acha nos ensaios reunidos em *L'anthropologie structurale* (Plon, 1958 e 1973). Levi Strauss teoriza, em sua obra, a organização da cultura em torno destes três sistemas de trocas normalizados: a troca de bens, onde ele encontra a economia fundamental em *Essai sur le don de Marcel-Mauss;* a troca de mulheres, a qual ele estudou as regras em *Les structures elementaires de la parenté;* a troca dos sinais e narrativas, às quais ele consagra a segunda parte de sua vida intelectual com sua famosa série *Mythologiques*.

[38] Ver, especialmente B. LIETAER, Au coeur de la monnaie. Paris: Y Michel, 2011.

[39] D. GUEDJ, Le mètre du monde. Paris: Seuil, 2000.

explicar, para transmitir e, com frequência, para prescrever a maneira de fabricar um objeto: sua constituição, suas dimensões e outras especificidades e qualidades, as etapas de sua realização e os procedimentos a realizar, para que seja feito corretamente. É provável que as encontremos novamente sob uma forma ou outra, em todo o sistema de produção organizada. As normas estão também muito presentes no sistema de corporações que se estabelecera na Europa desde a época medieval. Notamos que aí elas já garantiam múltiplas funções: técnica, mas também pedagógica, pois são ensinadas aos aprendizes; comercial, enquanto determinam as especificidades e qualidades dos produtos colocados no mercado, garantindo uniformidade; social, já que as condições de fabricação determinam as condições de trabalho; econômica, desde que o regime normativo enquadre o monopólio de uma corporação sobre uma atividade; e de poder, pois as normas fixam as regras das relações entre os mestres e aqueles que trabalham sob sua autoridade.

Sabemos que Colbert retomara esses instrumentos a serviço de uma política econômica do Estado, generalizando as corporações para todos os setores da atividade e nela desenvolvendo minuciosamente as normas da indústria, as quais serão o objeto de não menos de 32 regulamentos e 150 editos.[40] Essas normas eram obrigatórias, e o respeito a elas controlado por um corpo de inspetores que, igualmente possuíam a função de levantar estatísticas e cujo ofício perduraria até o final do Antigo Regime.[41] Sua violação era publicamente sancionada:

> (...) todos produtos que não estiverem em conformidade com as normas serão amarrados a um poste de altura de 9 pés, inscrito o

40 A. GUÉRY, *Industrie et Colbertisme; origines de la forme française de la politique industrielle?*, Histoire, économie et société, vol. 8, 1989, p. 297-312, especialmente p. 303.

41 Ph. MINARD, *La fortune du colbertisme. État e industrie dans la France des Lumières*. Paris: Fayard, 1998.

nome do produtor e erguido na praça central; 48 horas mais tarde, os produtos serão destruídos e queimados; em caso de recidiva, o comerciante será condenado a passar duas horas no jugo, exposto na praça central.[42]

O "colbertismo", como se sabe, seria denunciado pelos liberais como uma forma de dirigismo econômico, e a Revolução Francesa colocaria abaixo o sistema de corporações. Mas o mesmo não acontece com as normas técnicas, que seguem seu caminho à velocidade da luz, graças às revoluções industriais do século XIX.

Estas operam, ao mesmo tempo, uma aceleração da inovação tecnológica e uma intensificação da divisão do trabalho. Cada um destes dois elementos necessita formular, de maneira mais sistemática, organizada e abstrata, os parâmetros e as modalidades da produção. De um lado, a inovação tecnológica torna os processos de produção mais complexos e acelera o ritmo das modificações destes. Não é mais possível contar com a transmissão progressiva das regras da arte pela tradição e observação da prática, nem mesmo por meio da instrução. É necessário explicar as novas técnicas de fabricação, não mais somente pelo exemplo e pelo modelo, mas através dos documentos que desenvolvem todas as explicações e ilustrações gráficas úteis.[43] O certificado de invenção (patente) nos dá disso uma ilustração exemplar.

A intensificação da divisão do trabalho se ela produz, como logo o veremos, consequências maiores sobre as normas de conduta dos trabalhadores, ela

---

[42] Ch. BIERRE, *loc. cit.*

[43] Até hoje, a noção de norma técnica se define, em primeiro lugar e principalmente, em referência à forma do documento. Atesta a definição da norma pela ISO (Instituto Internacional de Normalização): documento estabelecido por consenso, que fornece para usos comuns e repetidos, linhas diretrizes ou características, para atividades ou seu resultado, garantindo um nível de ordem otimizada em um dado contexto". Ver também as definições doutrinais, como por exemplo, B. LELONG e A. MALLARD (dir.), *"La fabrication des normes"*, *Réseaux: communication, technologie, société*, vol. 18, n° 102.

impõe igualmente o recurso a formas padronizadas e, portanto, normalizadas de produção.[44] Com efeito, se a produção de um objeto complexo não é garantida por um único indivíduo, nem mesmo por uma equipe responsável por todas as etapas de fabricação, mas repartida entre diversas equipes diferentes, e até entre diversas fábricas ou fabricantes, estabelecidas, se for o caso, em regiões ou países diferentes, o que importa, mais ou menos, que estes diferentes produtores possam ajustar-se corretamente uns aos outros. De outro modo, concebe-se que um aprendizado fundado na observação e reprodução das práticas e dos usos não será suficiente quando, de uma parte, é preciso modificar frequentemente a arte e a maneira de fazer e, de outra, não se pode mais se comunicar com aqueles com quem é necessário se coordenar. O aprendizado pelo uso supõe certa permanência no tempo, a unidade do lugar e a repetição das ações. Quando o tempo se fragmenta sob a pressão da aceleração das mudanças, e os lugares se dispersam pelo efeito da divisão das tarefas, a norma técnica documentária toma logicamente o uso como intermédio. Do mesmo modo que no domínio jurídico, a lei substitui progressivamente o costume enquanto a sociedade moderna se transforma e o Estado estende seu poder.

Seguimos o curso da nossa história. A divisão do trabalho coloca, portanto, a questão do ajustamento, o que conduz, logicamente, à calibragem. Este tipo de normalização industrial tinha sido antecipado, no domínio militar, a partir da segunda metade do século XVIII com Vallières, que havia prescrito a unificação dos diâmetros da "boca da arma" para facilitar o abas-

[44] "No sentido rigoroso do termo, a normalização técnica consiste na escolha e fixação da matéria, da forma e das dimensões de um objeto, cujas características se tornam a partir de daí, obrigações de fabricação correspondentes. A divisão do trabalho obriga os empresários à homogeneidade das normas no seio de um conjunto técnico-econômico, no qual as dimensões estão em desenvolvimento constante, na escala nacional ou internacional" (G.CANGUILHEM, *op. cit*. p. 183).

tecimento de projéteis.[45] No domínio civil, o problema clássico do ajustamento do parafuso e da porca diz mais tecnicamente sobre a rosca dos parafusos, que vai dar lugar, primeiro às normas da fábrica, muito insuficientes para aqueles que as utilizam, depois às normas nacionais, fixadas no Reino Unido a partir de 1841 e, em nível internacional, pela adoção do sistema internacional (S.I.) em 1894, por ocasião do Congresso de Zurich.[46] Geralmente, questiona-se o problema de fabricação e de comercialização das peças de recarga, necessárias à manutenção e reparação das máquinas complexas. Mais fundamentalmente ainda, a segunda revolução industrial, aquela das ferrovias e da eletricidade, irá colocar com acuidade o problema da operabilidade, desde que os aparelhos complexos, como os trens ou utensílios elétricos, que para funcionar devem se adaptar às redes (ferroviárias ou de distribuição de água, de gás ou de eletricidade), depois à interoperabilidade a fim de que as redes de múltiplas companhias de ferro ou de distribuição de água, de gás ou de eletricidade possam se interconectar, como dizemos hoje para a Internet e redes de telecomunicação. A unificação do espaçamento dos trilhos, das atrelagens dos vagões e dos sistemas de frenagem surgiu, assim, na Inglaterra, a partir de 1846.

Até aqui, pelo menos desde a Revolução Industrial, a norma técnica é, portanto, uma técnica pela qual o engenheiro se dirige a outros engenheiros ou aos chefes de oficina que dirigem a fabricação dos produtos e o funcionamento das máquinas. A comercialização dos aparelhos ligados em redes de distribuição de gás e de eletricidade vai, entretanto, fazer evoluir o destino da norma e, desse modo, sua significação. A instalação da água e do gás "em todos os andares",

[45] J. MAILY, *op. cit.*, p. 23-24. Na mesma época Albert Whitney, que os americanos consideram como "o pai da standardização", havia estabelecido princípios similares para a fabricação em série de arcabuzes.

[46] J. MAILY, *op. cit.*, p. 24-25. Na França, a standardização do parafuso datava de 1894.

antes da eletricidade, representou um maior progresso no conforto do *habitat* urbano a partir do final do século XIX. Entretanto, como aprendemos depois, o progresso não vem sem risco ou perigo, em particular no domínio dos aparelhos de aquecimento. Os usuários, a quem ainda não chamávamos de "consumidores", se viam diante de ofertas de todo tipo de aparelhos e convectores de qualidade e de confiabilidade muito variáveis.[47] Os acidentes não eram raros, e de grandes consequências, pois disso podia resultar não somente a intoxicação das pessoas, mas explosões varrendo um conjunto de imóveis, senão um bairro inteiro. No contexto embrionário de nossa "sociedade de risco",[48] as companhias de gás intervieram, então, para indicar aos fabricantes destes aparelhos não somente as prescrições a respeitar, mas também para informar o público sobre os aparelhos e suas prescrições, recomendados na compra.[49] Os fabricantes puderam afixar nestes a marca de atestado de conformidade. Encontramos aqui, na França, um dos exemplos da aparição e logo da generalização, na era da sociedade industrial, transformando-se igualmente em sociedade de consumo, uma técnica chamada a um papel maior nos dispositivos

---

[47] Este problema perdurou extremamente por muito tempo, principalmente com os convectores de salas de banho, e ainda não foi resolvido completamente até hoje. A promotoria pública multiplicou até recentemente as advertências contra os pequenos aparelhos, frequentemente mal mantidos, responsáveis pelo envenenamento e morte por monóxido de carbono, assassino silencioso e inodoro. O problema deu lugar a um contencioso, causando a responsabilidade das companhias de distribuição de gás. Ver, por exemplo, o caso da Corte de Cassação da França, de 04 de fevereiro de 1976, confirmando o compromisso de responsabilidade da *Gaz de France*, por ter colocado no mercado um serviço de aquecedor de água defeituoso (Bul. civ. III, n° 49; JCP 1976, IV, 107 e a breve análise de decisão por M. ROULAND, "LA NORMALISATION TECHNIQUE (instrument de concurrence à la loi)", contribuição ao colóquio *Le droit mou, une concurrence faite à la lo*i, Paris, X, publicado on line: <http://www.glose.org/CEDCACE7.pdf>, consulté le 3 avril 2013.

[48] U. BECK, *La société du risque, sur la voie d'une autre modernité*. Paris: Aubier, 2001.

[49] Na Alemanha, as canalizações e válvulas em fontes para distribuição de água e de gás foram padronizadas a partir de 1882, assim como os perfis e os tubos, os materiais de construção de caldeiras (J. MAILY, op. cit., p. 25).

de normalização contemporâneos: *o label* (estampilha, selo).

Porque o *label* constitui uma reviravolta decisiva na história contemporânea da normalização? Por que, a prática que consiste em marcar uma coisa para nela indicar a origem, garantir a qualidade e até a segurança, que é extremamente antiga. O símbolo do marceneiro, a marca lapidária do talhador de pedras e a assinatura do pintor nos dão exemplos antigos e familiares, certamente, não únicos. Contudo, o *label* não é a marca. Se a marca pode também funcionar como um signo de origem, de qualidade e de segurança comunicada ao público, o *label* (no sentido corrente do uso desta palavra em francês) tem isto de específico que, mesmo quando é afixado pelo próprio fabricante, por sua própria iniciativa e sob sua responsabilidade,[50] faz referência, não à identidade do produtor, mas afirma a conformidade do produto às prescrições, em um caderno de encargos ou bula, resumos de uma norma exterior, mas que não é próprio do fabricante, mas comum a um produto ou uma gama de produtos. Ainda que, com o *label*, é a própria norma que é exibida e publicada. Ela o indica de maneira simples e visível, geralmente por um signo facilmente reconhecível, uma forma de logo. Se o *label* exprime a norma de maneira simplificada, é porque ela não tem como objetivo explicar em detalhes como fabricar o aparelho nem mesmo a quais prescrições ela deve responder ou desempenhos que ele deve cumprir. No *label*, a comunicação da norma não é dirigida ao especialista, mas ao público, ao consumidor, a quem ele tem como objetivo indicar que o produto é bom e seguro, pois ele responde a certo número de condições que o destinatário não conhece, mas aos quais se poderá, contudo, recorrer em caso de problemas. Com o *label*, portanto, a norma técnica sai dos lugares austeros

[50] Como é o caso, geralmente, para os objetos etiquetados em conformidade com uma norma nacional ou europeia, também as roupas, brinquedos e outros objetos de uso, da norma "CE".

e profissionais do laboratório de estudos, do escritório, da fábrica, e entra, sob a luz dos projetores que estão no mesmo nível da vida pública, à semelhança da marca e com as mesmas potencialidades.

Mas isto não é tudo. O *label* é um bem, mais do que um signo exterior da norma. Ele é a ponta emergida, mas também o ponto de ancoragem de um dispositivo complexo que tende a integrar em uma cadeia única diversas técnicas operando em diferentes estágios da normalização. Como já nos revelou o exemplo dos aparelhos de aquecimento (e o fenômeno só vai se amplificar), o *label* pressupõe, com efeito, logicamente (mas nem sempre efetivamente), não somente a norma que indica, mas também um processo de verificação do respeito a esta norma. Esta verificação, que se chama "certificação" do produto, será confiada a um terceiro independente, que será ele mesmo "acreditado" por preencher esta norma. A certificação se integra assim ao dispositivo da normalização industrial, ainda que ela encontre sua origem em outro lugar, no domínio da segurança ou garantia.

A história do *Buerau Veritas*, provavelmente um dos mais antigos escritórios de certificação, nos permite compreender esta evolução. Esse organismo francês, que perdura até hoje como um líder no domínio da certificação, foi fundado em Anvers em 1828 com a finalidade de avaliar, no interesse das companhias de seguro marítimo, os riscos de naufrágio dos barcos. Ela cotava, assim, milhares de navios lhes atribuindo uma das três notas do seu sistema de avaliação (1/3, 2/3, e 3/3), o que influenciava o montante do prêmio e até determinava a assegurabilidade do risco. Espécie de agência de notação financeira, antes da carta, o escritório foi rapidamente conduzido a estender e a modificar sua atividade, examinando, por conta dos seguros, que os navios assegurados respeitassem bem as normas de segurança impostas por esta e em certificá-los na qualidade de "testemunho". O sucesso foi tal que a companhia se estabeleceu em Paris a partir de 1833 e, em seguida, ampliou suas atividades de certificação a outros meios de transporte (aéreo e rodoviário), depois, a todos os domínios.[51]

Nesta perspectiva o *label* é, portanto, o conjunto de uma cadeia de confiança – a qual, como cada um sabe, está baseada no controle – que é estabelecido e percorre, à semelhança da cadeia jurídica e judiciária, mas seguindo modalidades e formas bem diferentes , o conjunto das etapas que vão da edição da norma à verificação de seu respeito efetivo até a sanção de suas eventuais violações.[52]

Esta institucionalização vertical, mas descentralizada da normalização, se desenrola simultaneamente a outra integração institucional, esta horizontal, que se alarga em função das necessidades de coordenação, na medida da extensão das cadeias de produção, de distribuição e de mercados. As "normas de fábrica" criadas pela própria empresa e aplicadas no seu seio para os produtos de sua marca dão progressivamente lugar às normas de setor e de associações profissionais, reagrupando categorias de engenheiros que as elaboram e as administram em um nível nacional. Os ingleses se organizaram primeiramente, fundando em 1901, pela iniciativa do Instituto dos engenheiros civis, o *Engineering Standards Committee*, que se encarrega da normalização no domínio mecânico.[53] De maneira pouco surpreendente, na França, é a indústria elétrica que abre o mercado em 1907, seguida a partir do ano seguinte pela via férrea.[54] Nos Estados Unidos, várias centenas de asso-

---

51 Essas informações estão no *site* do *Bureau Veritas*: <http;www.bureauveritas.fr/wps/wcm/connect/bv_fr/local>, consultado em 1° de abril de 2013.

52 Para uma síntese deste esquema de integração: J.-Ch. GRAZ, "Quand les norms font loi. Topologie intégrée et processus différenciés de la normalisation internacionale", *Revue Études Internationales*, vol. 35, 2004, p. 233-260, especialmente p. 249.

53 J. MAILY, *op. cit.*, p. 26.

54 *Ibid.*

ciações privadas setoriais deste tipo perduram até hoje, desempenhando um papel ativo na emissão de normas técnicas.[55]

Entretanto, os Estados não ficam inativos. Eles tomam consciência da *standardização* por ocasião do primeiro conflito mundial e da industrialização da economia de guerra e suscitam a criação de organismos nacionais de normalização públicos, privados ou mistos.[56] A Holanda, país neutro, maior fornecedor de material aos beligerantes, cria o primeiro instituto nacional de normalização, logo seguida pela Alemanha em 1917 e por Estados Unidos em 1918. As associações de engenheiros civis, elétricos, mecânicos e de minas se federalizam para isso, com a associação para testes e materiais (ASTM), reunidos pelos ministérios da guerra, da marinha e do comércio, para fundar a *American Engineering Standard Committee* (AESC),[57] que depois se tornara a *American Standards National Institute* (ANSI).[58] Todos os países industrializados seguem rapidamente o movimento de normalização, a Bélgica, com a *Association belge d'stadardisation* em 1959,[59] e a França, com a *Association française de normalisation* (AFNOR), criada em 1926, foram protagonistas. Neste ano, 19 países possuem, a partir de então, organismos nacionais de normalização.

Além destes institutos que funcionam de maneira mais ou menos autônoma, os Estados desenvolvem uma verdadeira política de normalização, que constitui

[55] J.-Ch. GRAZ, *op. cit.*, p. 237.

[56] J. MAILY, *op. cit.*, pp. 26-27.

[57] J. YATES e C. MURPHY, *"From Setting National Standards to Coordinating International Standards: The Formation of de ISO", in Business and Economic History On-line*, vol. 4, 2006, URL: <http://www.thebhc.org/publications/BEHonline/2006/yatesandmurphy.pdf>, p. 6.

[58] <www.ainsi.org>.

[59] Trata-se de uma associação profissional criada por iniciativa do Comitê Central Industrial, que se tornou a FEB. Em 1945, foi sucedido pelo Instituto Belga de Normalização, criado pelo arrêté-loi, ele próprio substituído em 2003 pelo atual escritório de normalização NBN, este também criado pela lei: <http://www.nbn.be/FR/nbnenbref.html>.

a partir de então um dos instrumentos de sua política industrial. É claro o caso dos Estados que funcionam segundo um sistema de economia dirigida ou planificada, ou ainda, corporativista, como os regimes fascistas e os países comunistas, com a então União Soviética e a China, que vai fazer um esforço gigantesco em matéria de normalização.[60] Mas os Estados industriais capitalistas não ficam nisso. Os Estados Unidos, em particular, criaram de maneira extremamente precoce, a partir de 1901, um escritório nacional dos *standards* no seio do seu Ministério do Comércio, que existe ainda hoje sob o nome de *National Institute for Standards and Technology* (NIST). Esta administração pública desenvolve uma verdadeira estratégia econômica global em matéria de padronização. Ela conta com mais ou menos 5.500 colaboradores para um orçamento anual que se aproxima de um bilhão de euros.[61] Na realidade, a normalização não é algo de esquerda ou de direita, coletivista ou capitalista. Antes, ela participa de todos os tipos de sistemas de sociedades industriais por intermédio das modalidades de organização e de obrigações diferentes, mas sob normas finalmente similares que conseguem, aliás, se coordenar. A normalização técnica se constitui, em resumo, em componente essencial ao funcionamento de nossas sociedades e economias contemporâneas complexas.

O movimento de institucionalização da normalização se prolonga na sequência, por sua federação no nível internacional. O setor eletrônico, de novo ele, é o pioneiro nisso, criando, a partir de 1906, a comissão eletrônica internacional (CEI), que ainda existe e já publicou mais de 6.000 normas com a preocupação de garantir a uniformização da tecnologia, a interoperabilidade das redes, a qualidade e a segurança dos materiais e das instalações. Outras normas internacionais

---

[60] F. BURKE, "The Administrative Law of Standardization in the Popular Republic of China", *Journal of Chinese Law*, vol. I, 1987, pp. 271 e seg.

[61] Ver as informações dadas no site do NIST para 2012: <http://www.nist.gov/public_affairs/general_information.cfm>.

foram estabelecidas de maneira setorial no domínio das telecomunicações e da internet, da alimentação e da saúde. Todavia, como um plano nacional, um sistema institucional integrado foi, além do mais, desenvolvido pela federação dos organismos nacionais de normalização. A Associação Internacional de Padronização foi criada em 1926. Entretanto, apesar de seu nome e de sua sede, estabelecida em New York, a Associação coordena na prática, principalmente os países da Europa Continental, ou seja, os países do sistema métrico. O mundo britânico, este das *"inch countries"*, é pouco ativo nisso, à semelhança dos Estados Unidos, que reúne a associação às vésperas do *crack de 1929*, mas terão em seguida outras preocupações econômicas. A obra de coordenação internacional permanecerá, em definitivo, muito limitada, mesmo que realize especialmente a padronização dos formatos do papel (A4, etc.).[62] Foi intrigante constatar que a famosa divisão entre os países da *commom law* e da *civil law*, que estrutura e separa o mundo das regras de Direito, se desdobra quase exatamente, no mundo da medida (primordial, na época, para as normas técnicas), com a clivagem entre os países do polegar e os do metro. Apesar disso, em se tratando de Direito, a *common law* lidera uma concorrência severa ao Direito Civil no mundo pós-colonial do pós-guerra, a racionalização francesa do sistema de peso e de medidas, o quilo e o metro, apoiado sobre um sistema decimal,[63] se imporá quanto a ela, como unidade de medida padrão internacional.

Durante a segunda guerra mundial, a AIS é posta em hibernação na Suíça. Contudo, o conflito provoca, uma vez mais, uma maior intervenção dos Estados e uma intensificação do processo. A partir de 1943, os Aliados criam o comitê das Nações-Unidas para a

[62] J. YATES e C. MURPHY, *op. cit.*, p. 5 e 12.

[63] O metro representa um décimo de milionésimo de distância entre o polo Norte e o Equador. O kilo representa o peso de um decímetro cúbico de água pura.

coordenação dos padrões[64] e preparam intensivamente a criação de uma nova instituição. A ISO, criada em 1947, que desempenhará um papel decisivo na normalização global, acompanhará a evolução e a extensão do domínio das normas, enquanto a construção europeia dá, igualmente, lugar à criação de instituições de normalização integradas, que serão investidas de uma função essencial para o estabelecimento e o funcionamento do mercado único.[65]

Concomitantemente a esta construção institucional, as próprias normas seguiam sua evolução se adaptando às mudanças e às necessidades da economia. Vimos como as preocupações com a segurança se modificaram com o *label*, a sinalização e a função da norma. Elas contribuem igualmente, é claro, para a evolução de seu conteúdo: às normas de especificação de produtos se acrescentam, a partir daí, normas de desempenho. Estas últimas não determinam mais as medidas dos objetos ou suas condições de fabricação, mas a qualidade que se tem direito de esperar. A importância e o domínio destas normas de qualidade vão continuar a crescer, tanto que elas acompanham as novas preocupações dominantes da produção industrial moderna. Após a Segunda Guerra Mundial, a obsessão pelo rendimento foi substituída pela obsessão pela qualidade, que visa produzir aos destinos de mercado melhor provisionados, mas mais exigentes, não mais um grande número de objetos, mas de objetos de melhor qualidade, sem defeitos ou falhas.

Esta nova preocupação dá lugar a importantes inovações sobre os setores de produção, nos quais uma nova geração de administradores introduz a política da "qualidade total", do "defeito zero" e seus diferentes instrumentos: os círculos de qualidade, as inspeções e

---

64 UNSCC: United Nations Standards Coordinating Commitee (J. YATES and C. MURPHY, op. cit., p. 13).

65 Ver a segunda parte deste artigo e a contribuição de A. VAN WAEYENBERGE, consagrado especificamente à ISO.

testes, etc. Para garantir a saída de um produto de qualidade, é necessário analisar e melhorar todas as etapas do processo de produção, que são examinadas com lupa. Assim, se produz uma nova guinada, decisiva no domínio da normalização: a procedimentalização das normas. Para as normas de produtos, que trazem os *outputs* da cadeia de produção, acrescentam-se a partir daí as normas de *process*, que vão especificar, na preocupação com a qualidade, exigências de organização que visam atividade produtiva própria. Aqui, de novo, ficaremos intrigados em constatar um notável paralelo com o movimento contemporâneo de procedimentalização das normas nos domínios moral, político e jurídico, que fora teorizado na esfera de atuação de Jürgen Habermas e da Escola de Frankfurt. As normas de processo, diferentes das normas de desempenho, garantem a qualidade do produto, não diretamente, mas através da qualidade do processo de produção que permitiu sua fabricação. Elas vão dar lugar à célebre série de normas ISO 9000, assim como, posteriormente, a série ISO 14000 em matéria de gestão ambiental (tratamento de dejetos, prevenção da poluição, substâncias perigosas, tóxicas, etc.). Estas são normas que garantem, no interesse do cliente e de partidários, a qualidade do sistema de organização e de administração da empresa. Trata-se, na realidade, de normas de gerenciamento que, em favor da procedimentalização, têm efetuado sua junção com as normas técnicas e vão, a partir de então, poder fazer fusão ou integrar suas estruturas e seus instrumentos.

b) Normas de gestão

Neste estágio, é necessário interromper o curso de nossa narrativa e voltar no tempo para considerar brevemente o outro lado da história das normas, aquela dos instrumentos e dos dispositivos que gerenciam, organizam e dirigem a conduta dos seres humanos e das populações. Esta história é paralela à da padronização técnica e seria necessário iniciá-la, também, com o nascimento das primeiras civilizações, com suas atividades e suas obras. Lembremos que, na realidade, se trata de uma única e mesma história, que só o estrabismo divergente da ontologia moderna nos impediu, até agora, de contemplar em um mesmo plano. Se nos limitarmos à história moderna, somos grandemente ajudados pelos conhecidos trabalhos de Michel Foucault em *Vigiar e punir*[66] e a *Vontade do saber*,[67] mas também por seus cursos no *Collège de France* e suas intervenções na biopolítica.[68] Esta história, que Foucault inicia no século XVIII, no final do Antigo Regime, se aqui for permitido sintetizá-la ao extremo, também se desenvolve em dois níveis: no nível macro, o da biopolítica, que administra as populações; no nível da utilização desta política, o das instituições disciplinares que formam, vigiam de mais perto os indivíduos. Esta política de desenvolvimento (a qual vimos com o colbertismo o impacto em termos de normalização técnica) enriqueceu a panóplia dos instrumentos do poder, especialmente pelo aperfeiçoamento das técnicas de recenseamento e de registros e pelo desenvolvimento dos instrumentos matemáticos e estatísticos que estão na origem do nascimento de novas normas, como a taxa de mortalidade ou o nível de

---

[66] Gallimard, 1975.

[67] Gallimard, 1976. Trata-se do primeiro tomo da história da sexualidade.

[68] Especialmente, segurança, território, população. Cours au Collège de France (1977-78), Paris, Gallimard. Seuil, 2004, consultar sobre o tema: *Naissance de la biopolitique. Cours au Collège de France (1978-1979)*, cujo título induz pouco em erro e mais consagrado ao neoliberalismo. Notamos que Foucault continua moderno naquilo que considerou normas de gestão das pessoas, independentemente das normas técnicas dos objetos, pelas quais ele não se interessou, mesmo quando dos trabalhos precursores de Canguilhem, que muito influenciaram o desenvolvimento sobre a norma em *Vigiar e Punir*, a isso convidavam, contudo, de uma maneira que hoje aparece, pelo menos, muito evidente. Thibault Le Texier, nota além disso, que Foucault não se interessara na produção em fábrica, senão nos desenvolvimentos no ateliê de Vigiar e Punir, que tratam do ateliê por analogia com a prisão (Foucault, "Le pouvoir et l'entreprise: pour une théorie de la gouvernamentalité managériale", *Revue de philosophie économique*, 2011-2012, p. 53-85).

vida e de atividade, o rendimento das populações.[69] No nível institucional, Foucault concentra seu estudo nos lugares fechados como a caserna, a escola, o ateliê e a prisão, onde são experimentadas novas tecnologias de um poder disseminado que tende menos reprimir do que endireitar e corrigir os corpos e os espíritos a fim de disciplina-los, quer dizer, ajustar perfeitamente os comportamentos e desempenhos de uns e outros com tarefas específicas que lhes são designadas pelas instituições.

No seio do ateliê, onde as revoluções industriais o transformam em manufatura, depois em gigantesca usina, a divisão do trabalho, o qual vimos como acentuava a necessidade de normalização técnica, reforça e generaliza o dispositivo do trabalho em cadeia. Esta cadeia não preenche somente a função de acrescentar rendimento pela divisão das tarefas, mas igualmente fixar o trabalhador no seu posto e lhe imprimir o ritmo de trabalho, como Carlitos em *Tempos modernos*, que temos ainda impressa a imagem em nossa memória coletiva. Por ocasião da segunda Revolução Industrial, a indústria automobilística nascente erige, com Henri Ford e Louis Renault, a cadeia em verdadeiro modelo de produção. A organização deste trabalho dividido se torna o objeto de uma nova disciplina, a administração, que almeja, com o engenheiro Frederick Taylor, o título de ciência.[70] Trata-se de decompor o processo de produção em etapas simples; de determinar, para cada uma delas, o melhor gesto a cumprir; de medir o desempenho dos trabalhadores, cronometrando-os e melhorando-os, suprimindo deles todos os gestos inúteis (ou seja, sem

---

[69] Sobre esta questão, nos voltamos aos trabalhadores fundadores de A. DESROSIÈRES; *La politique des grands nombres. Histoire de la raison statistique*, Paris, La Decouverte, 2010 (1993), bem como, mais recentemente, *Gouverner par les nombres*: L'argent statistique II. Paris: Presses de l'École des Mines, 2008.

[70] F. TAYLOR, *The principles of Scientific Management*. New York: Eldrich Press, 1911.

acrescentar valor); exercer a mão de obra com a execução correta destes gestos e de incitá-los à obediência e ao rendimento, determinando para eles, critérios de remuneração adequados.

Como vimos, a preocupação com a qualidade dos produtos levará progressivamente à corrida exclusiva da produtividade. Em 1924, o matemático Walter Shewhart inventa nos laboratórios da companhia dos telefones Bell, um método de controle de qualidade que repousa nos dados estatísticos, no recurso sistemático aos gráficos, e encontra uma fonte de inspiração na semiótica de Charles Sanders Peirce, o filósofo fundador do pragmatismo. O estatístico William Deming aplicou seu método na fabricação de munições durante a Segunda Guerra Mundial. Após a guerra, Shewart, Deming e outro são chamados a ir ao Japão, que faz do melhoramento da qualidade um imperativo nacional na política econômica de reconstrução do país. O "fordismo" dá lugar ao "toyotismo" como modelo de produção e de organização do trabalho, cujo engenheiro industrial Taiichi Ohno formula as regras e as técnicas nos anos sessenta.[71] Paralelamente, a política de qualidade se desenvolve, se difunde e se generaliza nos Estados Unidos, onde ela produz instituições específicas, como os círculos de qualidade, por exemplo. Este modelo só se transfere tardiamente à Europa, principalmente por meio da normalização e da certificação da série de normas ISO 9000, a partir de 1990.

Essa reviravolta na qualidade, a qual já falamos que influenciara profundamente a evolução da normalização técnica, através da criação de um novo tipo de normas, de uma nova função designada para a norma, manifestada pelo *label*, e do desenvolvimento da cadeia de certificação, está igualmente, portanto, na origem

---

71 T. OHNO, *Toyota Production System: Beyond Large-Scale Production*, New York, Productivity Press, 1988; *Workplace Management*. New York: Productivity Press, 1988.

de evoluções muito importantes no domínio da gestão. Estas se manifestam principalmente pela invenção de novas técnicas e instrumentos de controle, que designaremos sob o termo de "nova administração". Se a eficiência é o objetivo cardinal da normalização, a qualidade é o conceito operatório que abre novos territórios e novas ambições à normalização contemporânea, ao mesmo tempo em que ela permite a fusão de normas técnicas e administrativas. A partir de então, quando a eficiência constitui logicamente a preocupação primeira do economista e do administrador, a qualidade é um conceito ao qual deve absolutamente se interessar, por mais estranho que isso possa parecer numa primeira abordagem, o jurista, ou como o preferir, o "normatolologista". O que é a qualidade? Como ela orienta a atividade, a organização e os comportamentos? Por quais regras, meios e procedimentos? Eis os questionamentos aos quais uma teoria da normalização contemporânea deve procurar responder e que nos ensinaria muito sobre "as regras do jogo" no mundo contemporâneo.

Assim, a qualidade não determina, na linguagem administrativa, propriedades intrínsecas ao próprio objeto produzido. Ela é definida de maneira puramente pragmática, como as expectativas do cliente ou, mais amplamente, de quem o utiliza. A ambição primeira do administrador de qualidade é a de orientar toda a produção em função da satisfação e das necessidades do cliente. A qualidade não é mais definida de maneira substancial, mas procedimental, o que vimos como o resultado de um processo. O objetivo é reduzir a "defeito zero", buscando ao longo das etapas da produção as causas das falhas que se constatam por ocasião dos testes, verificações e pesquisas de satisfação dos clientes. Esta pesquisa pressupõe uma análise fina e detalhada de cada etapa dos processos da empresa, esquematizada, por exemplo, em um "fluxograma". Esta análise dos processos não se limita à cadeia de produção, mas estende este empreendimento a todos os departamentos da organização, distribuição, estoque, transporte, comercialização, serviço pós-venda e até a própria gestão. A medida, a racionalização, a vigilância e o controle não concernem mais somente ao operário ligado a seu posto de trabalho, mas se estende aos empregados e aos chefes, que estavam até aqui, relativamente, ao abrigo de seus escritórios, aliás, temos que se apressam realocá-los em paisagens de vocação panóptica. A virada na qualidade acompanha, assim, a passagem de uma economia de produtos a uma economia de serviços, na qual, o que se trata é de garantir a qualidade não mais a uma coisa fabricada, mas a uma prestação feita por um agente ou uma equipe. A política da qualidade tende, assim, para a noção da "qualidade total",[72] já presente no modelo japonês.

A qualidade, certamente, visa à organização interior em cada um dos seus departamentos e serviços, mas também da empresa, no contexto de suas relações com o conjunto de suas partes constituintes, clientes e fornecedores, trabalhadores, ribeirinhos e poder público. Após a série ISO 9000, as normas ISO 14000, ajustadas nos anos 2000, visam também à gestão ambiental da empresa, antes que a norma ISO 26000, estabelecida em 2010, não trate mais, em geral, da gestão pela empresa, dos riscos e das relações com o conjunto das partes constituintes no quadro de uma política de responsabilidade social.

De uma parte, se se determina a qualidade pelas expectativas subjetivas dos clientes e das partes constituintes, não se trata mais, para tanto, de uma noção evanescente. No universo da administração, a qualidade não se opõe à quantidade; ela não escapa ao emprego da cifra. Não é por nada que a noção foi inventada e estabelecida por matemáticos e estatísticos. A qualidade se avalia e se mede em referência aos pontos de controle, definidos os indicadores, no qual os contado-

[72] TQM e TQS para *Total Quality Management* e *Total Quality System.*

res são exibidos no "quadro de comando de gestão" do administrador. Este dispositivo, a partir de então generalizado no conjunto da administração e que absorve grande parte da energia e do tempo dos administradores, poderá se apoiar nos progressos revolucionários das tecnologias de informação e da comunicação. Estas permitem e favorecem o registro de um número ilimitado de dados a intervalos periódicos aproximados, até mesmo em tempo real, e prestam conta de maneira mais fina, mais individualizada e mais detalhada possível dos resultados, do rendimento, dos custos e do desempenho de cada etapa, de cada serviço, de cada indivíduo em cada uma de suas múltiplas tarefas. Mas o quadro de comando de gestão não é, certamente, mais do que uma ferramenta de medida e de registro. Ele é também, e sobretudo, um dispositivo de pilotagem, como seu nome o indica, destinado a alcançar certo número de objetivos. Se o "dado" é apresentado como um componente do real (ainda que ele já seja um produto de fabricação de um indicador definido), o objetivo a alcançar é uma norma, a norma que orienta o comportamento em direção ao fim a alcançar.

A gestão por objetivos se dá por meio de uma das tecnologias das mais poderosas e mais interessantes da nova administração: o *benchmarking*. Seu princípio muito simples vem para fixar o nível de desempenho a alcançar por referência a um modelo, definido geralmente pelo desempenho de outra empresa, líder de mercado. A literatura atribui a paternidade do sistema à empresa americana de copiadoras Xerox, nos anos 80. Mas o *benchmarking* funciona perfeitamente por referência a outras normas, por exemplo, sobre a base do princípio de um crescimento de desempenho de x% em relação ao ano anterior, em um processo de melhoramento contínuo da qualidade, do rendimento, dos lucros, etc. Bem mais ainda, a tecnologia da administração por indicadores e pelo *benchmarking* pode ser especificada para analisar, no seio da própria empresa, as performances dos agentes e das equipes no tempo e, compará-los entre eles. O uso interno desta técnica permite, conforme o que preconiza a teoria neoliberal, importar e fazer o jogo da concorrência em um domínio, não obstante, subtraído às regras de funcionamento do mercado, da empresa e mais geralmente da organização. A tecnologia do *benchmarking* permite especificar a gestão por objetivo em nível de cada serviço e de cada agente. Ela permite igualmente classificar os desempenhos de uns e outros (*ranking*) e de publicá-los com o fim de premiar por mérito, recompensar os melhores e repreender e sancionar os piores. Esses dispositivos assim juntados a estimulantes adaptados (prêmios, gratificações, promoções, multas ou demissões) criam poderosas motivações, mas também fortes pressões, entre os trabalhadores da empresa e os agentes econômicos em geral, que reagem a isso fortemente, e muitas vezes se antecipam, adaptando a seus comportamentos. O dispositivo é, ao mesmo tempo, eficaz e de pouco custo, na medida em que os próprios agentes tornam-se seus próprios vigilantes.

Essa lógica de avaliação permanente e todos azimutes[73] não faz mais que importar nas empresas técnicas aprovadas há muito tempo na instituição escolar. Entretanto, seu desenvolvimento por ocasião de sua transposição para a empresa, e os recursos gigantescos ofertados pelas tecnologias de informação e de comunicação, vão reduzir a força, ao mesmo tempo em que elas reduzem os custos, facilitam a generalização no conjunto da sociedade. Pois, em favor destes desenvolvimentos tecnológicos, os dispositivos de avaliação, a partir daí, podem se aventurar fora dos lugares relativamente discretos e confinados das instituições de vigilância onde são nascidos, como a escola e a fábrica, soltar enxames ao ar livre e investir "de cara lim-

[73] Fala-se assim de avaliação em 360°, quando o agente é avaliado pelo conjunto das pessoas com quem ele colabora, dentro ou fora da empresa.

pa" nos meios abertos da sociedade de controle, como o havia indicado Gilles Deleuze, no começo de certas instituições de Foucault.[74] O agente, qual seja, um ser humano ou uma organização, seja qual for sua forma ou fim, até mesmo um animal, uma máquina ou um híbrido, em resumo, tudo o que, cujo comportamento possa ser conduzido a um fim, um objetivo ou certa direção, pode a partir disso, ser pilotado pelo sistema de indicadores, do *benchmarking*, das classificações e das incitações que estejam aí associadas. Ainda mais, esta pilotagem pode operar de maneira plenamente eficaz ao ar livre e à distância (um pouco à maneira da tornozeleira eletrônica que associada a uma posição GPS, fornece uma posição de substituição à prisão em cela). A ela pode corresponder todas as atividades às quais podem estar associadas, de uma maneira ou de outra, à compilação e à análise de dados, ou seja, praticamente todos os aspectos da vida pessoal e social, no tempo do "*big-data*".[75] A hora chegou para as normas técnico-administrativas e seus dispositivos de se colocar como concorrentes diretos e sérios das regras jurídicas e instituições políticas saídas da modernidade.

---

[74] G. DELEUZE, "Qu'est-ce qu'un dispositif?", in Association pour le Centre Michel Foucault, Michel Foucault philosophe, rencontre internationale, Paris, Seuil, 1989, pp. 185-195; G. DELEUZE, "*Post- scriptum ssur les sociétés de contrôle*", *Pourparlers*, Paris: Ed. De Minuit, 1990, p. 240-247.

[75] A. McAFEE; E. BRYNJOLFSSON. "*Big Data: The Management Revolution*", Harvard Business Review, Octobre, 2012.

II – A concorrência das normatividades na era global

Esta incursão na história das normas técnicas e de gestão, que ainda resta a escrever, nos mostra que não há, de um lado, um sistema jurídico organizado na escala dos Estados e do mundo e, de outro, um "infradireito", segundo a expressão de Carbonnier,[76] formado de um volume mais ou menos indeterminado e heteróclito de normas técnicas, que o Direito seria chamado a organizar. Vemos, de preferência, dois modos estruturados, organizados e institucionalizados de regulação que se enfrentam, ou melhor, se voltam as costas. Como bem o escreveu Foucault, as normas não são um "infradireito", mas um "contradireito", um concorrente da ordem jurídica, cuja discrição não deve nos enganar, não mais que as fanfarronices do espetáculo da lei em sua majestade.[77] O silêncio que esta última observa com sua obstinação em relação ao aparelho normativo não denota somente menosprezo; ela revela igualmente uma surda hostilidade para com um adversário pressentido de longa data. Segundo Foucault, a ordem da lei já teria começado seu declínio no final do Antigo Regime, quando ela ainda não havia empreendido

---

[76] *Sociologie juridique*, P.U.F. 2. ed., 1978, p. 213 e seg.

[77] Acrescentamos aqui Foucault: "e se o jurisdicismo universal da sociedade, parece fixar os limites do exercício de poder, seu panoptismo. Espalhado em todo lugar, faz nela funcionar, puxado pelo Direito, uma máquina, ao mesmo tempo, imensa e minúscula que sustenta, reforça, multiplica a assimetria dos poderes e torna vão os limites que para eles foram traçados". (M. FOUCAULT, *Surveiller et punir*, Paris: Gallimard, 1975, pp. 224-225).

seu reinado oficial, que começa com a Revolução. A partir desse momento, as disciplinas teriam, eficazmente, intermediado o controle minucioso das condutas, ao abrigo dos olhares, em lugares fechados para a vigilância. Em todo caso, Foucault antecipa um pouco o plano da história das ideias. A partir do início do século XIX, Saint Simon lança, sobre os terrenos filosófico e político, o debate sobre a substituição do governo político e jurídico, pela organização e a direção industriais da sociedade.[78] Saint Simon, que conheceu a Revolução Francesa, que detestava a violência e os pecados tanto quanto os regimes reacionários que lhe sucedem, pensava que a verdadeira revolução política seria, na realidade, a revolução industrial. É ela que vai substituir a antiga sociedade feudal por uma nova organização fundada na divisão do trabalho e na associação dos produtores. A administração das coisas vai substituir o governo dos homens, conforme sua célebre fórmula. A República e os diferentes regimes pós-revolucionários são somente formas temporárias de poder político do Estado soberano, das quais eles anunciam a decadência inexorável. Como bem o resumira Durkheim, se a sociedade tradicional fosse politicamente comandada, "a sociedade industrial devia ser industrialmente administrada".[79] Não se trata, em nenhum caso, contrariamente aos liberais, de substituir a mão de ferro do Estado pela mão invisível do mercado, deixando à guisa deste, os indivíduos e os empresários. O *saint-simonisme*, ao contrário, acredita no evento de uma organização científica da sociedade, conduzida pelos mais aptos, no modelo de um ateliê ou de uma grande fábrica. Voltando as costas ao modelo político-jurídico,

---

[78] J. GRANGE; "*L'industrialisme de Saint-Simon*", consultado em 22 de abril de 2013 no site <http://hal.archivesouvertes.fr/docs/00/27/97/57/PDF/Saint-Simon-Grange.pdf>.

[79] J. F. MATTÉI, "L'*État moderne et l'inflation de la technocratie*", in S. Goyard Fabre éd., *L'État au XXème siècle*, Paris, Vrin, 2004, p. 289 e seg., espec. p. 294 e a referência à E. Durkheim, *Le socialisme, sa définition, ses débuts, la doctrine saint-simonienne*, coletânea de artigos editados por M. MAUSS, P.U.F., 1992, p. 180.

da democracia, dos direitos humanos e das liberdades, ele promoveu antes uma forma de tecnocracia fundada na administração científica da produção organizada, em vista da utilidade comum.[80] Para tanto, este novo regime, que ele chama de suas promessas, não nascerá no termo de uma grande noite revolucionária, mas pela organização progressiva da associação dos produtores em redes descentralizadas. Saint-Simon profetizaria, de qualquer modo, a subida da força da normalização industrial e anunciaria a "revolução administrativa", que substitui com moderação, ao reinado dos soberanos de todos os tipos, os administradores e gestores.[81]

O modelo da sociedade industrial, gerida como uma grande empresa, por engenheiros sociais, terá uma grande e longa influência, ao mesmo tempo, entre os socialistas utópicos e as doutrinas tecnocráticas, como a de Auguste Comte, que promoveu por sua vez, sob o nome de "sociologia", um governo científico da sociedade, próxima das ideias de seu inspirador Saint-Simon.[82] Os *saint-simonianos,* propriamente ditos, contarão em suas filas, numerosos politécnicos e outros engenheiros, que irão se vangloriar de "poder resolver melhor que qualquer um todas as questões sociais e políticas exatamente da mesma maneira, e pela mesma razão, que eles sabem melhor que qualquer um construir uma estrada ou uma ponte".[83] A partir daí, não é nada surpreendente ver uma luta entre os dois modelos (político e industrial) se

[80] O organizador (1819), O sistema industrial (1821), O catecismo dos industriais (1823-24). "A verdadeira liberdade consiste em desenvolver sem entraves e com toda a extensão possível, uma capacidade temporal ou industrial útil à associação. A ideia vaga e metafísica de liberdade seria contrária ao desenvolvimento da civilização e da organização de um sistema bem ordenado, que exige que as partes sejam fortemente ligadas ao conjunto e na sua dependência" (Saint-Simon, Oeuvres, t. III, p. 15-17, citado por Mattéi, op. cit., p. 29).

[81] J. BURNHAM ; *L'ère des organisateurs*, Calmann-Lévy, 1947, (éd. Original inglesa : *The Managerial Revolution*, 1941).

[82] A. COMTE; *Cours de philosophie positive*: leçons de sociologie (lições 47 a 51), Paris, Garnier-Flammarion, 1999.

[83] Ph. NEMO; *La société de droit selon F.A. Hayek*, PUF, 1988, p. 423-4, *commentant l'étude de Hayek sur Saint-Simon dans The Counter-Revolution of Science.*

prolongar neste terreno, entre os juristas, de um lado, e os engenheiros, de outro, que disputam o poder de regulação, especialmente por ocasião da institucionalização progressiva da normalização técnica.[84]

Assiste-se hoje, a uma nova fase dessa luta das normatividades técnicas e jurídicas, que assume um contorno, ao mesmo tempo aberto, portanto, necessariamente mais espetacular e mais crítico, neste período de grande reorganização social que constitui o período da globalização. Inúmeros exemplos podem ser observados desta concorrência que opõem as normas técnicas e administrativas às regras jurídicas clássicas há duas décadas, seja no campo global, seja no da construção europeia, que configura um verdadeiro "laboratório da globalização".[85] Nós os classificaremos aqui em duas séries: aqueles que manifestam a extensão do domínio das normas técnicas, muito além do circuito da produção de matérias que eram estabelecidas pela regulamentação política e jurídica até então (A); de outro lado, aplicação dos dispositivos da nova administração pública à gestão além das fronteiras dos serviços públicos e à pilotagem dos próprios Estados, em nome da governança europeia e global (B).[86]

a) A irresistível extensão do domínio da norma técnica

A política de liberalização das trocas, que caracteriza a construção europeia e a globalização, forneceu a

---

[84] M. VEC, *Recht und Normierung in der Industriellen Revolution. Neue Strukturen der Normsetzung in Völkerrecht, staatlicher Gesetzgebung und gesellschaftlicher Selbstnormierung*, Frankfurt am Main, Klostermann, 2006, em particular sobre o capítulo intitulado «*Rivalitäten und grundsätzliche Kritik*: Techniker gegen Juristen», p. 352 e seg.

[85] Sobre esta questão consultar a tese de A. Van Waeyenberge sobre *Les nouveaux instruments juridiques de la gouvernance européenne* (Larcier, 2014).

[86] Beneficiaremos-nos aqui de uma apresentação sucinta destes exemplos, voltando às contribuições reunidas na presente obra onde estão apresentadas uma descrição e análise aprofundadas.

ocasião de uma transferência maciça de competências das regras jurídicas nacionais para as normas técnicas europeias e globais.[87] Em 1985, a Comissão Delors, encarregada da preparação do Mercado Único no horizonte em 1992, toma consciência de que ela não poderia alcançar este objetivo, continuando a recorrer ao método comunitário clássico. Este consiste em harmonizar as legislações dos Estados membros quando as regras comuns se fazem necessárias para realizar os fins estabelecidos pelos tratados. Essa harmonização se dá pela via, seja de regulamentos, seja de diretivas, cuja adoção é o resultado de um procedimento específico. Este implica na colaboração de diferentes órgãos políticos de instituições comunitárias, principalmente a Comissão, o Parlamento e o Conselho. Para passar do "Mercado Comum" ao "Grande Mercado", depois ao "Mercado Único", seria necessário atacar as barreiras não mais tarifárias das trocas, como os direitos de aduana há tempos suprimidos, mas a alguns obstáculos ditos "técnicos" à livre circulação dos produtos e dos serviços no seio da União Europeia. Estes "obstáculos", na realidade, resultavam de regras jurídicas impostas pelos Estados com a preocupação de garantir a segurança e a saúde dos consumidores e a proteção do meio ambiente. A Comissão Delors se apercebeu de que centenas de diretivas, cuja maioria devia ser decidida por unanimidade, foram necessárias para harmonizar as exigências no nível europeu, contudo, legítimas e importantes, mas diversamente formuladas e organizadas por regulamentações nacionais. Sua adoção teria representado um trabalho legislativo intransponível dentro do prazo estabelecido. No prolongamento da evolução da jurisprudência

[87] Ver também, o desenvolvimento sobre esta questão no capítulo de A. VAN WAEYENBERGE, "as normas ISO, CEN e aquelas advindas dos consórcios privados; mercadorias de segunda mão ou sistema para a União Europeia", publicada no presente volume.

da Corte de Justiça da União,[88] a Comissão decidira adotar uma "nova abordagem".[89] Esta se fundamenta em primeiro lugar no princípio do reconhecimento mútuo das legislações dos Estados-membros, ao termo do qual o produto que corresponde às prescrições técnicas do Estado de origem pode circular livremente no conjunto da União. Portanto, a harmonização não é mais requerida, sob a reserva das "exigências essenciais em matéria de saúde, segurança, meio ambiente, etc., que são consignadas nas diretivas-quadro. Estas exigências se limitam, entretanto, a formular objetivos gerais e reenviam para o excedente, ou seja, para a maior parte, e de maneira concreta, às normas europeias harmonizadas". Estas últimas são elaboradas pelos organismos europeus de normalização, seja o Comitê Europeu de Normalização (CEN), a ISO comunitária, de qualquer forma, e outros organismos especializados, principalmente, em matéria eletrônica ou de telecomunicação. Pode se tratar seja de normas europeias propriamente ditas, seja normas internacionais (como as normas ISO), incorporadas pelas instâncias europeias, caso cada vez mais frequente.[90] Segundo sua lógica habitual, o respeito às normas técnicas não é obrigatório para o fabricante ou o importador dos produtos que desejam comercializá-los no seio do grande mercado europeu. A nova abordagem cria, entretanto, um incitante poderoso para adotá-las, na medida que a declaração de conformação a estas normas presume seu respeito às exigências essenciais.

Desta nova abordagem, fica claro que são, a partir daí, as normas técnicas europeias ou internacionais, e

---

[88] Particularmente, o caso Cassis de Dijon (1979), que havia estabelecido o princípio do reconhecimento mútuo.

[89] Resolução do Conselho de 07 de maio de 1985, a respeito de uma nova abordagem em matéria de harmonização técnica e de normalização, J.O. n. C136 de 04/06/1985, p. 1 à 9. - Para um estudo jurídico aprofundado destas questões: P. PECHO e A. VAN WAEYENBERGE, "La normalisation technique vue de Luxembourg", *Revue du Marché commun et de l'Union européenne*, 2010, p. 387-394.

[90] Ver *infra* cap. III.

não mais as legislações nacionais, nem mesmo o Direito da União Europeia, no sentido estrito, que fixam, na prática e concretamente, as prescrições a serem respeitadas em matéria de saúde, segurança e meio ambiente, pela quase totalidade dos produtos e dos serviços que circulam e são comercializados na União Europeia. É necessário, ainda, compreender bem que não se trata de uma simples troca do "formato" da regulamentação, esta estando expressa na forma de uma norma técnica, subordinada a uma diretiva, antes que de uma lei nacional ou de uma diretiva propriamente dita. Pois, por ocasião dessa mudança de veículo da normatividade, o conjunto das cadeias institucionais de elaboração e de execução destes domínios passa do império do Direito ao domínio da padronização. As normas técnicas são, na verdade, elaboradas não mais pelas instâncias políticas tradicionais, mas no seio do CEN, da ISO, ou dos organismos setoriais especializados. Conforme o procedimento que lhes é habitual, os trabalhos associam os organismos nacionais de normalização e dos experts designados para eles, originários da indústria e utilizadores, bem como profissionais da normalização em vista da realização de um amplo consenso. A execução destas normas e das exigências essenciais às quais elas estão em conformidade é em seguida assegurada segundo um dispositivo do *label* e da certificação. O fabricante ou o importador que deseja comercializar no seio da União um produto submetido às diretrizes da "nova abordagem" está, na verdade, obrigado a apor a marca "CE", que nos é familiar, pelo qual ele próprio atesta que o produto em questão respeita as exigências essenciais ou, o que se torna o mesmo, as prescrições técnicas correspondentes. Essa marca "CE", combinada com uma declaração de conformidade, constitui um verdadeiro "passaporte europeu" que interdita os Estados Unidos de fazer obstáculo à sua colocação no mercado, em um território, ou de submeter este às condições ou procedimentos de autorização complementares, e reduz ao extremo as possibilidades de retirada desses produtos do mercado.[91] Além do mais, a marca CE implica na submissão dos produtos aos procedimentos de avaliação na sua conformidade,[92] as quais variam segundo os Estados e os produtos, mas incluem, principalmente, os procedimentos de certificação por organismos acreditados ou pelos pares, confiança na qualidade ou nos procedimentos de teste.[93] Contudo, as normas técnicas adotadas no quadro da nova abordagem (ou fora dela) escapam a qualquer controle de validade jurídica e não podem ser objeto de recurso de anulação perante a Corte de Justiça da União nem de recurso por particulares, donde se estima que não há interesse em contestá-los.[94]

O sistema adotado no quadro da nova abordagem tem, enfim, como consequência indireta, senão a de tornar obsoletas, ao menos, incitar ao alinhamento as prescrições técnicas nacionais sobre as normas técnicas europeias. Na verdade, já que o produto poderá circular no interior das fronteiras, contanto, respeite estas últimas normas, a manutenção das exigências legais internas mais rigorosas teria, em definitivo, como único efeito prático, entravar a posição concorrencial dos fabricantes nacionais, sem poder impedir de forma alguma a entrada e a venda dos produtos originários do estrangeiro e que lá não foram adaptados às normas. Esse alinhamento pode se dar por via legislativa ou regulamentar, mas ele se opera mais naturalmente por meio de um alinhamento de normas técnicas nacionais sobre as normas europeias e internacionais, favorecido pelo dispositivo e os procedimentos dos organismos supranacionais de normalização. O sistema é conside-

---

91 P. PECHO e A. VAN WAEYENBERGE, op. cit., p. 391-392.

92 *Ibid.* E a jurisprudência citada por estes autores.

93 J.-Ch. GRAZ; "Quand les normes fon loi. Topologie intégrée et processus différenciés de la normalisation internationale", *Revue Études internationales*, vol. XXXV, 2004, pp. 233-260, espec. p. 249.

94 P. PECHO e A. VAN WAEYENBERGE, op. cit., p. 393-394.

rado pela Comissão como um novo modelo de corregulação bem-sucedido e aprovado.[95] A União Europeia acaba, aliás, de adotar um novo regulamento em 2012 com objetivos especiais de elaborar mais rapidamente as normas técnicas e garantir uma representatividade das partes constituintes, principalmente das pequenas e médias empresas. Mais ainda, o regulamento torna possível, doravante, a elaboração de normas europeias harmonizadas no domínio dos serviços.[96]

Em nível global, a Organização Mundial do Comércio (OMC) foi confrontada com um problema análogo para superar os obstáculos da liberalização do comércio, engendrados pelas prescrições técnicas impostas pelas ordens jurídicas nacionais. Ela respondeu a isso com uma solução similar à nova abordagem, o que atribui, com outros exemplos, algum crédito à tese do laboratório europeu da globalização.[97] Dois acordos importantes foram também concluídos no seio da OMC, em 1994 e 1995, sobre os obstáculos técnicos ao comércio dos produtos (OTC) e dos serviços (AGCS). Esses acordos somente autorizam os Estados da organização a elaborar regulamentações e procedimentos de avaliação técnicas, que barram o livre comércio transnacional, quando e na medida em que estas se revelam necessárias para alcançar objetivos de interesse público, em matéria de segurança nacional, saúde e segurança das pessoas e dos animais, da proteção da vegetação e do meio ambiente, bem como para prevenir os riscos de falsificação.[98] Estes acordos incitam os Estados a se

---

[95] O. BORRAZ; "Les normes, instruments dépolitisés de l'action publique", in P. LASCOUSMES e P. LE GALÈS, *Gouverner par les instruments*, Paris: Sciences-Po, 2004. p. 145.

[96] Regulamento n. (UE) no 1025/2012 do Parlamento Europeu e do Conselho de 25 de outubro relativo à normalização europeia, modificando as diretivas 89/686/CEE et 93/15/CEE do Conselho, bem como as diretivas 94/9/CE, 94/25/CE, 95/16/CE, 97/23/CE, 98/34/CE, 2004/22/CE, 2007/23/CE, 2009/23/CE e 2009/105/CE do Parlamento Europeu e do Conselho.

[97] Ver também *infra* II.B a respeito do método aberto de coordenação.

[98] Acordo OTC, art. 2.2.

basear nas normas e procedimentos de avaliação e de certificação internacionais na matéria. Eles lhes fornecem, além disso, um "código de práticas" para a elaboração dessas normas e procedimentos.[99] Assim, os regulamentos e procedimentos de avaliação técnica em conformidade com as normas e procedimentos internacionais são presumidos, de maneira refutável, "de modo a não criar um obstáculo que não seja necessário ao comércio internacional". Eles podem, doravante, ser invocados com êxito em litígios comerciais, em particular, diante do Órgão de apelação da OMC. A importância prática desse sistema é considerável daí em diante, se estimando que as normas internacionais afetam aproximadamente 80% do comércio mundial.[100]

Entre essas normas técnicas, a ISO 26000, sobre a responsabilidade social das organizações, merece atenção especial.[101] Adotada em 2010, esta norma tem por ambição fixar um padrão global no domínio muito dinâmico da responsabilidade social das empresas (RSE).[102] A norma propõe uma definição clara desta noção, sobre a qual já está alinhada a Comissão Europeia,[103] e aos engajamentos que ela abrange, como o processo político de RSE para empresas e organizações. Os compromissos não são, para ser exato, jurídicos, mas incontesta-

[99] Acordo OTC, art. 4.

[100] OCDE, Regulatory Reform and International Standardisation, 1999, citado por J.-Ch. Garz, *op. cit.*, p. 241.

[101] Ver no presente volume o estudo específico de M.A. CARREIRA DA CRUZ, bem como a literatura científica abundante sobre o assunto, já disponível, particularmente, a obra dirigida por M. CAPRON, F. QUAIREL-LANOIZELÉE e M.-F TURCOTTE, ISO 26000, *une norme "hors norme"*, Paris, Economica, 2011. Veja também os trabalhos de C. Gendron et de l'Ecole de Montreal à la Chaire de responsabilité sociale et développement durable à l'UQAM, entre outros:"*Normaliser la responsabilité sociale.* Le pari d'ISO 26000", *Les Cahiers de la CRSDD, 07-2010.*

[102] Ver o livro publicado sobre este assunto pelo CENTRE PERELMAN, *Responsabilités des entreprises et corégulation*. Bruxelas: Bruylant, 2007.

[103] Comunicação da Comissão Europeia de 25 de outubro de 2011 (COM 2011 681) intitulada: "la responsabilitá sociale dess entreprises: une nouvelle stratégie de l'UE pour la période de 2011-2014", p. 7-8.

velmente normativos e de vocação regulatória. Eles dizem respeito às condições de trabalho nas empresas, às consequências da produção e da atividade em geral sobre o meio ambiente e, mais amplamente, à relação com os direitos humanos. Eles visam não somente à própria empresa, mas mais amplamente à "esfera de influência" que pode se estender para os grandes grupos ou empresas líderes de rede, ao conjunto da cadeia de produção ou de valor que a organização controla economicamente. Resumindo, trata-se para a empresa de cuidar de como seus produtos e serviços sejam fabricados e entregues, por eles e seus subcontratados, nas condições ambientais e de trabalho aceitáveis, sem violar nem se tornar cúmplice de violações dos direitos fundamentais das pessoas e no que diz respeito às suas atividades. Para chegar a esta norma, a ISO ajustou, a partir de 2005, um procedimento *ad hoc*, associando a seus trabalhos não somente os organismos nacionais de normalização, mas representantes da ONU, do *Global Compact* em particular, e da Organização Internacional do Trabalho (OIT), bem como representantes sindicais e ONGs ativas nos domínios relacionados. A ISO conseguiu a proeza de resolver em cinco anos, em um largo consenso, o que a ONU havia tentado em vão, durante décadas, estabelecer: um estatuto jurídico das empresas multinacionais e de suas responsabilidades. Evidentemente, se trata de normas voluntárias que são propostas às empresas. Além disso, os representantes destas garantiram que a norma ISO 26000 seja declarada não certificável e que ela não possa ser considerada como um padrão internacional no sentido do acordo OTC da OMC. Entretanto, diversos organismos, entre os quais, a AFNOR na França, propõem, desde já, certificações nacionais, bem como organismos privados de auditoria.[104]

[104] AFNOR Certification desenvolveu um modelo de avaliação AFAQ 26000. Responsabilidade Social – DD, retomando os critérios da norma ISO 26000, que se apresenta como uma "verdadeira tradução operacional da ISO 26000", e que "mede o grau de integração dos princípios de responsabilidade social

O Global Report Iniciative (GRI), que estava associado aos trabalhos, adotou seu plano normalizado para as relações não financeiras de empresas com a norma ISO 26000. A exposição dos códigos de conduta e a guerra dos *standards* em certos setores, principalmente entre a americana SA8000 e a chinesa CSC9000T, suscitaram a necessidade de um padrão único, em conformidade com os grandes princípios, fixados pela OIT e a ONU, mas mais detalhado e operacional para as empresas, bem como para o conjunto da cadeia de controle e avaliação dos compromissos, incluindo aí as agências de notação não financeiras. A norma ISO 26000 responde a esta necessidade, e é muito provável que, a despeito das garantias em documento dadas ao *lobby* das grandes empresas, sua execução implicará em breve no estabelecimento de uma cadeia global de certificação, permitindo às empresas socialmente responsáveis de se reconhecerem entre elas e fazerem negócios juntas. Com a norma ISO26000, vemos que os atores sociais privilegiam, a partir daí, a via de normalização técnica, em relação à regulamentação jurídica para regular as relações sociais, que pareciam, contudo, relevar o núcleo duro da juridicidade.[105] Vemos igualmente que a concorrência da normalização em relação à regulamentação assinala aqui, mais fundamentalmente, o deslocamento sub-reptício da pressão, que opera o movimento da RSE, dos Estados para as empresas transnacionais e suas cadeias globais de valor, para a execução na escala do mundo de normas sociais, ambientais e outras políticas, especialmente no que diz respeito à luta contra a corrupção.

Estaríamos errados, entretanto, em interpretar a extensão do domínio da normalização como uma simples passagem de revezamento das instâncias interna-

no seio da organização" (ISO 26000 em 10 questões, Brochura da AFNOR disponível online no site da AFNOR, p. 12).

105 Ver, no mesmo sentido, J.-Ch. GRAZ, "Quand les normes font loi. Topologie integrée et processus différents de la normalisation internationale", *op. cit.*

cionais da ONU para outros recintos internacionais, como os da ISO. Primeiramente, porque a ISO não funciona segundo as regras do Direito Internacional Público, nem como uma organização interestatal.[106] Ela tem como membros os organismos nacionais de normalização, dos quais nem todos são públicos. Depois, porque com a normalização não é somente a elaboração da norma que escapa às instâncias clássicas do Direito, mas o conjunto da cadeia de execução e de controle, como vimos na nova abordagem europeia. Finalmente, porque a ISO, apesar de seu dinamismo e importância de sua atividade, não goza de nenhum monopólio sobre os processos de normalização global e porque estes se desenrolam igualmente no quadro de instituições puramente privadas.

Tal é o caso, por exemplo, da normalização contábil das sociedades cotadas na bolsa.[107] A contabilidade é a linguagem dos negócios. É, claro, uma matéria muito técnica, mas bem mais que isto, pois ela traduz em dados numéricos e comunica no interesse da sociedade e de terceiros, informações capitais sobre a empresa, o valor de seus ativos, o estado de seu endividamento e riscos, o próprio resultado de sua atividade, superavitário ou deficitário. A contabilidade interessa, portanto, não somente às empresas, mas à coletividade: os investidores, bem como os credores da empresa, que medem assim a solvabilidade e a seguir o crédito que estão prontos a lhe conceder; o Estado e os poderes públicos em geral, já que o resultado da sociedade determina especialmente o montante dos impostos de que esta é devedora para a coletividade; os trabalhadores ligados a

[106] Ver o capítulo III de VAN WAEYENBERGE sobre a ISO, no presente volume.

[107] Os desenvolvimentos que seguem se apoiam no excelente estudo que Arnaud Van Waeyenberge consagra à política contábil europeia em sua obra sobre *Les noveaux instruments juridiques de la gouvernance européenne*, Larcier, 2014. O leitor francófono pode igualmente se referir aos trabalhos de M. CAPTON, N. VERON, X. DIEUX, E. CHIAPELLO e K. MEDJAD, sobre este importante dossiê.

sua ferramenta de trabalho e do qual os representantes podem ser associados à gestão ou à fiscalização e, de maneira geral, todas as partes constituintes. É por isso que a contabilidade, cujas regras há muito tempo foram usadas pelos contabilistas e pelos fiscais, se tornou progressivamente no século XX uma matéria regulada pela lei e pelo Direito, ao menos na Europa Continental. A União Europeia tem logicamente, doravante, manifestado preocupação em harmonizar as normas contábeis e nisso se engajou por diversas diretivas publicadas entre 1979 e 1984. A harmonização, todavia, permaneceu inacabada em razão dos bloqueios políticos, principalmente da Alemanha, resultando divergências culturais importantes entre os Estados da União. Com efeito, em matéria contábil, de novo, como no domínio do Direito e dos padrões de medida, uma linha de demarcação cultural atravessa a Mancha. Os anglo-saxões consideram por mais tempo a sociedade como um bem negociável na perspectiva de um investidor, que se interessa, portanto, pelo valor de sua ação no curso da bolsa. Os europeus consideram a empresa como uma instituição, que afeta a coletividade e o interesse geral, da qual convém vigiar o estado de saúde. A contabilidade é aí, desde então, mais observada por questões de preocupações prudenciais e fiscais.

Na ausência de acordo entre os europeus, as empresas europeias mais importantes têm adotado normas contábeis americanas para a apresentação de suas contas. De um lado, o respeito a estas condiciona sua admissão cotada na praça de New York, a maior do mundo. De outra, essas normas tendem a se impor como *standard* global em razão da primazia dos Estados Unidos no setor das finanças como na atividade conexa da análise e da avaliação financeira. As normas contábeis representam, com efeito, o referencial sobre a base do qual trabalham especialmente os auditores e as agências de notação de crédito. Após diversas tentativas infrutíferas, a União Europeia finalmente reagiu em 2002, deixando para o essencial à *International Accouting Standard Board* (IASB) o cuidado em elaborar as normas contábeis europeias.

Criada em Londres, a IASB é órgão de uma fundação privada, estabelecida no Estado americano de Delaware e dominada por grandes escritórios de auditores (*big four*), que financia a IASB e nomeia seus membros.[108] A IASB é composta por *experts* contábeis, distribuídos, em princípio, pelas diferentes regiões geográficas do mundo, mas onde o mundo anglo-saxão está super-representado e a influência dos *big four*, muito sensível. A IASB elabora, publica, interpreta e revisa as normas contábeis ditas IFRS.[109] Segundo um procedimento que ela própria organizou, a União Europeia deve, na sequência, homologar estas normas contábeis, que neste caso adquirem força regulamentar obrigatória no conjunto da União. Em regra, certamente, a União conservou o poder de recusar homologar as normas IFRS. Mas, como Van Waeyenberge mostra muito bem, na prática, não lucra muita coisa. Em primeiro lugar, a União raramente faz uso desta prerrogativa. Ela preferiu se opor às normas 32 e 39, relativas à valorização financeira de certos ativos, em consequência, solicitou à IASB, a revisão das mesmas. Mas a questão desembocou em um compromisso "coxo" que conserva como essencial a posição da IASB, e uma recusa de homologação parcial de uma das normas contestadas. Porém, mesmo quando a União recusa a homologação, a Comissão Europeia sugere às empresas a execução, a título voluntário, da norma reprovada. Seja como for, a União não dispõe de nenhum meio de propor a adoção ou modificação de uma norma, nem de avaliar sobre

---

108 Esta Fundação foi rebatizada IFRS Foudation depois de 1° de julho de 2010. Seus estatutos foram publicados online no site da IFRS: <http://www.ifrs.org/The-organisation/Governance-and-accountability/Constitution/Documents/IFRS-Foundation-Constitution-January-2013.pdf>.

109 Encarregado de conduzir um procedimento de consolidação pública, sem grandes consequências, que foi imposto pela União Europeia.

a composição ou o funcionamento da IASB. Esta delegação, sem precedentes, por sua amplitude, do poder normativo a uma instância puramente privada, corresponde a uma estratégia normativa da União. Esta buscaria o objetivo não somente de ultrapassar os bloqueios internos, mas questionar o *leadership* americano, propondo as normas IFRS para adoção de outros países pelo mundo com o intuito de impô-lo, como o *standard* global contábil. Esta estratégia tem, aliás, sido bem-sucedida, pois o Brasil, a China, a Índia e o Japão têm, desde então, adotado as normas IFRS, em que a negociação está largamente comprometida em vista de uma harmonização com as normas americanas. Entretanto, e de qualquer jeito, é preciso constatar que o custo desta estratégia é muito importante, já que a Europa só pode esperar impor "seu" *standard*, renunciando a todo meio efetivo de influenciar o conteúdo e a agenda. Em geral, o dossiê contábil mostra bem como a paralisia das estruturas políticas de governança conduz, tanto no plano regional como global, à transferência do poder normativo para instâncias privadas especializadas, o que induz principalmente uma passagem da regulamentação para a normalização. Nesse quadro de luta global pelo Direito, tal transição é somente formal, mas produz efeitos bem concretos. Como bem analisa Van Waeyenberge, a "vitória" da IASB sobre a União, no que diz respeito à avaliação de certos ativos financeiros no seu "justo valor", quer dizer, na prática, do valor de mercado e, portanto, enquanto estiver na bolsa de valores, produziu eventos importantes e negativos durante a crise financeira de 2007, impelindo a uma desvalorização excessiva de certos ativos sãos, afetando os subjacentes imobiliários, o que contribuiu para agravar a crise, bem como a tarifação do crédito bancário e interbancário (*credit crunch*). Esta ação, dita pró-cíclica das normas contábeis, foi anexada aos efeitos do mesmo tipo, produzidos pelo funcionamento das agências de notação financeira, com as quais as normas contábeis operam de maneira complementar.

b) Governança transnacional pelos indicadores

De outra parte, as técnicas da nova administração abriram a via para a aplicação dos métodos de organização para além da empresa, a todas as atividades de serviço e, especialmente, aos serviços públicos.[110] Chamamos "nova administração pública" (NMP) as iniciativas tomadas neste sentido, a partir de 1990, especialmente no Reino-Unido pela iniciativa do *New Labour* de Tony Blair, mas igualmente na França e, de maneira geral, nas administrações públicas. Os governantes, tanto de esquerda como de direita, foram seduzidos por essas técnicas destinadas a aumentar, ao mesmo tempo, o rendimento dos funcionários e a "qualidade" dos serviços públicos (definidos em função das expectativas dos usuários), enquanto controlam o crescimento dos gastos públicos. No contexto da construção europeia e da globalização, os mesmos dispositivos foram aproveitados para tentar contornar os bloqueios e o peso da governança internacional e regional. Eles foram preconizados e executados para garantir uma forma de governança de certos serviços públicos, por meio de mecanismos de harmonização concorrencial, às vezes chamados "competição".[111] Mais ainda, tanto os organismos internacionais como as instituições privadas recorrem a ela desde então, para assegurar, segundo as mesmas técnicas, uma forma específica de governança global dos Estados ditos soberanos. O recurso a algumas destas técnicas, como o *benchmarking*,

---

[110] Na realidade, as técnicas de "racionalização" da atividade administrativa são bem mais antigas. Elas já haviam sido bem analisadas por M. WEBER através de seu estudo da racionalidade burocrática.

[111] B. NALEBUFF e A. BRANDENBUGER; *La co-opétion, une révolution dans la matière de jouer concurrence et cooperation.* Paris: Village Mondial, 1996.

permite, além disso, fazer emergir do próprio dispositivo de governança, *standards* normativos globais.

O uso dos indicadores como instrumento de governança no âmbito do "laboratório europeu" está habitualmente associado ao método aberto da coordenação (Methode ouvert de coordenation – MOC). Esse método da União Europeia tem por objetivo avançar na via da harmonização entre os Estados-Membros nos domínios onde a União não tem competências específicas, e lá onde os bloqueios políticos não permitem avançar conforme as vias dos procedimentos de decisões clássicas. Como bem o demonstrara Arnaud Van Waeyenberge, em sua obra *"Sur le noveaux instruments juridiques de la gouvernance européenne,*[112] o MOC não é o único mecanismo no qual a pilotagem por indicadores e o *benchmarking* são utilizados como ferramentas da governança europeia. Estes instrumentos desempenham um papel determinante, substituem o método comunitário clássico, em um número crescente de domínios que chamamos "novas políticas" da União Europeia, como por exemplo, a política relativa à água ou às substâncias químicas (REACH), etc.

O exemplo da justiça é particularmente interessante, visto que permite utilizar medidas da concorrência que impõem a normatividade administrativa, em um domínio que constitui o próprio coração do dispositivo de execução e de controle das regras jurídicas.[113] A política de avaliação e de reforma pelos indicadores das instituições judiciárias foi ajustada primeiro no seio do Conselho da Europa após a queda do muro de Berlim, destinadas aos países em "transição", da Europa do Leste e da Europa Central. Tratava-se de propor um modelo a estes países, a fim de ajudá-los a se transfor-

[112] Larcier, 2014.

[113] B. FRYDMAN e E. JEULAND (dir.). *Le nouveau management de la justice et l'indépendence des juges*, Dalloz, 2011. D. Pianna, *Judicial Accountabilities in New Europe: From Rule of Law to Quality of Justice*, London, Ashgate, 2010. Veja igualmente, a contribuição de D. Pianna no presente volume.

mar em verdadeiros Estados de Direito. Este modelo supunha, especialmente, a (re)construção de um sistema judiciário independente e imparcial, garantindo aos cidadãos um recurso acessível e eficaz para uma justiça de qualidade. Uma comissão europeia para a eficácia da justiça (CEPEJ) foi criada para este fim, encarregada de ajustar os indicadores, de coletar e comparar os desempenhos nos diferentes Estados-Membros do Conselho da Europa. A União Europeia retomou quase integralmente este modelo e a ele impôs o respeito dos países candidatos à adesão, a título de boa governança democrática. O modelo voltou em seguida para avaliar os desempenhos efetivos dos aparelhos judiciários dos Estados do Oeste, que o haviam inspirado antes, mas eram sacudidos por diversas crises e "desfuncionamentos" graves,[114] em vista de orientar as reformas julgadas necessárias. O modelo europeu prevê especialmente a generalização, em todos os Estados, de conselhos superiores da justiça ou da magistratura, agências independentes de gerenciamento da administração judiciária. Reformas foram executadas em diversos Estados, entre os quais a Holanda, na vanguarda nessa matéria, mas também a França e, muito mais laboriosamente a Bélgica. Elas visam, ao mesmo tempo, o domínio dos custos pela transferência da gestão financeira para as próprias jurisdições, o aumento dos rendimentos pela medida da carga de trabalho dos magistrados e da oferta de incentivos, principalmente financeiros, bem como a racionalização e a disciplinarização da atividade judiciária pela pilotagem, pelos indicadores e pelo *benchmarking*. A execução destas reformas suscita, como em outros setores, importantes reticências e, às vezes, ativas resistências, que são geralmente atribuídas ao arcaísmo e ao corporativismo dos magistrados.

[114] Como a questão *Dutroux* na Bélgica e a questão *Outrau* na França, especialmente.

Estas resistências a mudanças manifestam igualmente o choque entre a cultura administrativa da eficiência e a cultura jurisdicional, visceralmente ligada ao princípio fundador da independência da justiça, concebido ele mesmo como uma garantia constitucional maior do Estado de Direito. Assim, para utilizar um exemplo simples, parece tudo natural aos administradores propor indicadores fundados sobre os custos de recursos e os custos de reforma de julgamentos e processos. A ativação de uma via de recurso assinala que as expectativas do cidadão, rebatizado oportunamente de "cliente", não foram encontradas, enquanto que a reforma da decisão assinala que a primeira decisão não era a correta e suscita custo, perda de tempo e de rendimento, ligada à necessidade de reexaminar a questão. Ao mesmo tempo, é óbvio que um dispositivo de "pilotagem" que faz repousar a avaliação dos juízes sobre tais indicadores ameaça a independência dos magistrados e contradiz o princípio da autonomia do julgamento, que está no coração do ato jurisdicional. Vemos como a lógica empresarial pode, sem substituir às regras de direito e de processo, mas sobrepondo-se a elas, cumprindo os objetivos de racionalização administrativa, impor-se às garantias jurídicas do Estado de Direito sob o pretexto de reforçar sua eficiência. Além disso, a técnica do *benchmarking* é geradora de normas que podem ser, na sequência, melhoradas pelas instâncias judiciárias à semelhança ou em lugar de normas jurídicas existentes. É assim que, para apreciar se uma decisão foi proferida em um "prazo razoável", o que constitui uma das garantias do direito ao processo justo (art. 6 CEDH) e um dos motivos de recurso mais frequentes perante a Corte Europeia dos Direitos Humanos, esta se referiu a diversas empresas com referências dadas pela CEPEJ, sobre a base de dados que ela recolhe.

Uma vez mais, o dispositivo administrativo não precisa necessariamente da intervenção de instituições públicas encarregadas da governança. O exemplo do

Academic Ranking of World Universities, mais conhecido pelo nome de "classificação de Shangai", fornece aí um excelente exemplo. Essa classificação foi desenvolvida artesanalmente por um professor de química e três de seus colaboradores. Na origem ele visava estabelecer um *benchmark* para a Universidade Jiao Tong, de Shangai, classificada entre as melhores universidades do mundo.[115] Esta classificação foi concebida com meios muito modestos, se servindo de algumas indicações ponderadas, baseadas em dados facilmente acessíveis no domínio público, como número de prêmios Nobel e de medalhas Fields atribuídos a professores na função (20%) ou a antigos estudantes (10%), o número de pesquisadores mais citados em sua disciplina (20%) ou o número de artigos publicados nas revistas *Science* e *Nature* (20%). Impelido pelo encorajamento do Ministério Chinês da Educação e pelo entusiasmo de colegas estrangeiros pela iniciativa, uma verdadeira classificação foi estabelecida e publicada pela primeira vez em 2003, e continuadamente depois, sobre uma base anual cada vez mais refinada. A despeito do caráter muito parcial e redutor desses critérios (que só dizem respeito às ciências naturais e não altera em nada o ensino) e das inúmeras críticas das quais foi objeto,[116] a classificação de Shangai foi rapidamente imposta como referencial global, talvez por ter sido o primeiro.[117] Ainda que pareça duvidoso que a classificação influencie efetivamente de maneira sensível na escolha dos estudantes que se inscrevem na universidade, esta produz, entretanto, efeitos regulatórios observáveis. Ela é também

---

[115] N. C. LIU; *"The story of Academic Rankings"*, *International Higher Education*, 2009, n. 54, p. 2.

[116] Por exemplo, J.-C. Billaut, D. Bouyssou e Ph. Vincke, *"Should you believe in the Shangaï ranking? An MCDM view"*, *Cahier du LAMSADE*, n°283, LAMSADE, 2009. Disponível em : <http://hal.archives-ouvertes.fr/hal-00388319/en/>.

[117] Os economistas evocam a respeito a vantagem do "*first mover*". Esta vantagem é interpretada como determinante ("*critical*"), mas não totalmente decisivo (decisiva) por C. SHAPIRO e H. VARIAN *"The Art of Standards War"*, California Management Reviw, volume 41, 1999 pp. 8-32, espc. pp 13,16, 17 e 22.

utilizada por inúmeros administradores como referencial, um meio de fixar os objetivos e medir os efeitos de sua política de gestão.[118] A classificação é usada como justificativa no apoio às reformas legislativas e administrativas, como, por exemplo, para a lei de reformas das Universidades na França, o Presidente Sarkozy, que fixou a meta de colocar certo número de estabelecimentos franceses no topo do grupo da classificação e promover reformas cujo objetivo era fornecer meios para alcançar este objetivo. Enfim, algumas legislações estão em acordo com a classificação e seus efeitos jurídicos, como a Rússia, que dispensa os diplomas emitidos pelas Universidades melhores classificadas, de procedimentos administrativos de reconhecimento de sua equivalência.[119] O interesse pela classificação é tal que a iniciativa suscitou inúmeros concorrentes, e a União Europeia criou sua própria *U-multirank*, que se tornou operacional em 2015.[120]

Os dispositivos de avaliação e de controle, que chamaremos sumariamente de "indicadores", que tiveram provada sua eficácia no domínio da gestão pública, estão igualmente mobilizados cada vez mais e intensivamente para operar a pilotagem dos próprios Estados, pelas instâncias da governança europeia e global.[121]

---

[118] Quando ainda assim eles o criticam. Veja, especialmente a política de Ph. VINCKE, Reitor da ULB de 2006 á 2010, matemático e autor de contribuições críticas sobre o *ranking* de Shangai, (especialmente o artigo pré-citado) assistido por C. DEHON. Um colóquio que foi, aliás, consagrado na ULB aos *rankings* e o uso que se pode fazer deles, cujos atos foram publicados: C.DEHON, D. JACOBS, C. VERMANDELE (dir.). *Ranking Universities*, ed. ULB, 2009.

[119] Le 25 avril 2012, la résolution 389 du gouvernement de la Fédération de Russie a accordé l'équivalence automatique aux diplômes émis par les Universités du top 300 du classement de Shanghai et des autres grands classements universitaires internationaux (B. Frydman et G. Lewkowicz, "Le droit global est-il soluble dans ses sources?", *Working Papers du Centre Perelman de Philosophie du Droit*, 2013/01, <http://www.philodroit.be>.

[120] <http://www.umultirank.eu>.

[121] K. DAVIS, B. KINGSBURY e S. ENGLE MERRY (eds), *Governance by Indicators. Global Power Through Quantification and Ranking*. Oxford: U.P., 2012; Também o artigo "Indicators as a Technology of Global Governance", p. *Law & Society Review*, Volume 46 (2012), p. 71-104.

Isto se aplica também em nível de governança financeira, que constitui um desafio particularmente importante e um meio considerável de alavancar, em razão do endividamento dos Estados e de sua necessidade imperiosa de financiamento com taxas aceitáveis. Os critérios de Maastricht, estabelecidos em vista da passagem ao Euro como moeda europeia, podem ser considerados uma forma rudimentar de pilotagem dos Estados pelos indicadores.[122] O sistema foi consideravelmente reforçado pelo recente Pacto de Estabilidade e de Crescimento. A norma dos 3% do déficit público, erigida com regra de ouro, cuja violação é suscetível de acarretar sanções automáticas, a que inúmeros Estados acordaram, além de sua inclinação supranacional, o valor de uma regra constitucional, demonstra a força que podem adquirir certos critérios, que não procedem, portanto, de nenhuma necessidade específica,[123] mas que é apontada para se impor para além da vontade política e democrática dos Estados.

Em nível global, o Banco Mundial construiu um sistema muito mais elaborado de pilotagem dos Estados pelos indicadores. Todo mundo, ou quase, conhece, a partir de então, sua famosa classificação *Doing Business*, que classifica o conjunto dos Estados do mundo em função de sua atratividade para os investidores. Se a classificação constitui, segundo os observadores, um parâmetro não negligenciável na decisão dos investidores institucionais e dos fornecedores de crédito, produz, sobretudo, efeitos regulatórios sobre os próprios

---

[122] Os critérios de convergência de Maastricht foram incorporados pelo Tratado de Maastricht no artigo 121, § 1, do Tratado que institui a Comunidade Europeia: <http://archive.wikiwix.com/cache/?url=http://europa.eu/scadplus/leg/fr/lvb/l25014.htm&title=Site%20officiel%20UE>.

[123] Os critérios de Maastricht, nos quais a norma dos 3% fora estabelecida apressadamente, à pedido do Presidente Miterrand, por agentes do Ministério do orçamento, por razões puramente políticas. G. ABEILLE, "Pourque o déficit de 3% do PIB é uma invenção 100%...française", La Tribune, 1°de outubro de 2010: <http://archive.wikiwix.com/cache/url=http://www.latribune.fr/actualites/economie/france/20101001trib000554871/pourquoi-le-deficit-a-3-du-pib-est-une-invention-100-francaise.html>.

Estados. Estes são incitados a melhorar sua posição na classificação pela execução de reformas adequadas, para favorecer e melhor proteger os ditos investimentos. Recentemente, o Banco acrescentou à sua classificação um novo instrumento, a *"reform simulator"*, que permite antecipar os ganhos ou perdas que esta ou aquela reforma poderia provocar, em relação a nota de um Estado e, consequentemente, da posição na classificação.[124] O Banco Mundial não parou num bom caminho: ligado às teses do movimento *Law & Developpement*, segundo as quais o estabelecimento de um sistema institucional e de um ambiente jurídico de qualidade constitui uma condição essencial para o desenvolvimento econômico dos Estados, o Banco ajustou igualmente uma classificação dos Estados em função do respeito deles para com o *"rule of law"* ou com as regras do Estado de Direito. Este índice suficientemente composto agrega, de maneira ponderada, o resultado de outros múltiplos indicadores parciais, produzido sobre este ou aquele aspecto do *"rule of law"*. Ele resulta do estudo aprofundado que D. Restrepo consagra a este indicador, uma concepção do *"rule of law"* que se distancia sensivelmente da visão tradicional deste princípio nos Estados da *common law* e ainda mais dos princípios associados ao Estado de Direito nos países continentais.[125] O índice integra e aglomera uma profusão dos dados que, efetivamente, dizem respeito ao conteúdo da legislação e funcionamento das instituições políticas e judiciárias, com outras noções que tocam mais na economia e ainda na proteção dos investimentos, e até em outros elementos ainda da vida social do país, como os índices de criminalidade, por exemplo. A noção de *"rule of law"*

---

[124] <http://www.doingbusiness.org/reforms/reform-simulator>.

[125] Ler o estudo fascinante de classificação no capítulo 6 do presente volume por D. RESTREPO AMARILES, *The mathematical turn: l'indicateur Rule of Law dans la politique de développement de la Banque Mondiale*. FRYDMAN, Benoir e VAN WAEYENDERGE, Arnaud (Dir). Gouverner par les standards et les indicateurs. De Hume aux rankings. Bruxelles: Bruylant. 2014.

sai dele, portanto, profundamente transformada, ao mesmo tempo, no seu conteúdo, na sua função e no seu *modus operandi*. Mais importante ainda, vemos que o dispositivo do indicador pode permitir influenciar, e até controlar, não somente o funcionamento da instituição judiciária de um país, mas potencialmente o conjunto de sua política jurídica. Na mesma lógica, a própria ONU e algumas organizações privadas multiplicam, aliás, os indicadores que medem e classificam os desempenhos dos Estados no campo da democracia e dos direitos humanos.[126] Podemos imaginar em seguida todas as consequências políticas, jurídicas ou econômicas que se poderá ligar, eventualmente, mais tarde a este tipo de dados. Tudo se passa, portanto, como se as normas de gestão, depois de terem sido por muito tempo auxiliares das regras jurídicas, encarregadas das medidas técnicas e dos detalhes, tornaram-se presente instrumentos de pilotagem do próprio Direito. Em todo caso, aparece claramente que as instâncias de governança global encontraram nos indicadores um meio de exercer sua missão, sempre contornando as dificuldades dos problemas internacionais clássicos.

Mais uma vez, entretanto, não poderemos nos privar de pensar que estes indicadores são ferramentas que estariam reservadas, por natureza ou na prática, às únicas instâncias oficiais de governança. Trata-se, ao contrário, de instrumentos disponíveis e relativamente de pouco custo, que podem ser, e são efetivamente, colocados facilmente na nossa sociedade de informação e comunicação, sempre produzindo efeitos regulatórios potencialmente importantes. Como testemunho disso, de maneira espetacular, a função reguladora quase institucional, exercida pelas agências de notação financeira no domínio da alocação global do crédito.[127]

---

126 Ver, *infra*, ch. 6.

127 Sobre este assunto, leremos o estudo aprofundado de G. LEWKOWICZ *"Gouverner l'État par les indicateurs: l ecas des agences de notation de crédit"*. FRYDMAN, Benoir e VAN WAEYENDERGE, Arnaud (Dir). Gouverner par

Nascidos nos Estados Unidos há um século, por ocasião das emissões de ações e obrigações, para financiar as construções das redes ferroviárias, as três grandes agências *Standard & Poors, Moodey's e Fitch*, que controlam hoje 90% do mercado mundial da notação financeira, viram sua importância e seu desempenho, ao mesmo tempo em que, sua cifra de negócios, crescer na medida do desenvolvimento dos mercados financeiros. A globalização dos mercados, pelo desmantelamento das barreiras nacionais e entre os diferentes mercados de ativos, bem como a redução da gama de produtos financeiros inventados pela engenharia financeira, têm consideravelmente aumentado as possibilidades de investimentos, mas também acrescida a necessidade de informações sobre os riscos de cada um destes mercados. Além disso, a desintermediação bancária, que coloca cada um dos mutuários em relação contratual direta com os emprestadores, os quais se submetem, portanto, diretamente ao risco de descumprimento, fez com que os bancos ampliassem o interesse em conhecer essas informações junto aos investidores. Disso resulta um sistema no qual todas as emissões obrigatórias ou, seus autores, devam preliminarmente, no seu lançamento no mercado, deixar-se avaliar, com mais frequência de maneira paga, por uma ou diversas agências de crédito. A nota que lhes é atribuída determina por referência as pequenas letras que se tornaram célebres de AAA à D, o risco de descumprimento, ou seja, de não reembolso no vencimento, condiciona a possibilidade de oferta de empréstimo no mercado, bem como a taxa de juros que será oferecida para encontrar o comprador. Os devedores e os instrumentos obrigatórios permanecem ao longo da operação sob a vigilância das agências, que informam continuamente o mercado sobre a evolução

---

les standards et les indicateurs. De Hume aux rankings. Bruxelles: Bruylant. 2014. Ver igualmente, nossa obra *Les agences de notation financières entre les États et les marchés*, Larcier, 2013.

da solvabilidade, aumentando ou baixando sua nota, ou emitindo advertências.

Se a notação das agências influencia ou não, de maneira mais ou menos sensível, a evolução dos próprios mercados, ela exerce sua influência normativa, principalmente em relação aos devedores, quer sejam empresas privadas, coletividades públicas ou mesmo Estados soberanos. Na verdade, na medida em que a nota de crédito contribui substancialmente para determinar o acesso dos requerentes de crédito ao mercado, bem como o custo de seu financiamento, estes são fortemente incitados a se alinharem com os critérios mais ou menos pertinentes, fixados pelas agências para sua avaliação. Isto se aplica, na medida em que cada vez mais as notas das agências são tomadas como referência por toda uma gama de instrumentos normativos, tanto públicos quanto privados, que determinam o comportamento dos investidores. Assim, as regulamentações prudenciais dos Estados, mas também o Comitê de Bâle, que reúne estas autoridades financeiras em uma rede mundial foram citadas com muita importância até a crise de 2008, nas notações das agências para fixar o coeficiente dos próprios fundos que devem conter os bancos, quando do acordo de empréstimos. Da mesma maneira, as regras legais ou estatutárias, fixam o nível de risco aceitável para os fundos de investimento, lhes impedindo de reter os títulos julgados pelo excesso de especulação ou, obrigando-os a se desfazer deles, quando a nota dos títulos que eles detêm em carteira, é rebaixada a certo limite. Numerosos instrumentos financeiros ou de contrato de empréstimos, dão efeitos jurídicos a notas de crédito, estipulando, por exemplo, que o rebaixamento de uma nota acarretará o aumento correlativo do juro de interesse ou, desencadeará, num certo patamar, o reembolso antecipado da totalidade do empréstimo, ou mesmo de todos os empréstimos subscritos por um mesmo devedor (*triggers*). Finalmente, as notas das agências são integradas nos *logiciels* utilizados no seio das investidoras institucionais pelos operadores (*traders*). Estes são, aliás, cada vez mais frequentemente substituídos por robôs, cujas decisões são coordenadas especialmente por referências nas notas das agências, desencadeando, assim, decisões automáticas de compra e venda de obrigações. Estudos mostraram como o referencial normativo que sustenta a notação de crédito influencia e determina a conduta dos beneficiários, quer se trate do modelo de gestão e de negócios das empresas ou da política das coletividades locais.[128] As mesmas observações podem ser feitas a respeito dos Estados muito endividados, que têm necessidade de constantemente recorrer ao crédito para refinanciar seus empréstimos, para os quais, se tiverem uma degradação na sua nota "soberana", correm o risco de imposição de condições insustentáveis, quando não privados de acesso direto ao mercado, como observamos no decorrer das últimas décadas em diversos Estados europeus. A crise das dívidas soberanas se dá, especialmente, pelo rebaixamento da nota dos Estados Unidos e da maioria dos Estados europeus, resultando numa verdadeira queda de braços entre os Estados e as agências, o que se traduz principalmente pela imposição de novas regulamentações e de novas possibilidades, ao mesmo tempo, pela sequência de ações judiciárias extraordinárias. Parece, entretanto, pouco provável, no estado atual das coisas, que esta luta seja finalizada com um retorno ao antigo modelo de regulação financeira, resultado da crise de 1929. Ao contrário, e de maneira paradoxal, cada crise na qual a ação das agências de notação é contestada, produz reformas que, em definitivo, só fazem reforçar e institucionalizar a função reguladora e normalizadora que as agências de fato garantem no ambiente global.

[128] Ver o excelente estudo de T. SINCLAIR, *The New Masters of Capital: American Bond Rating Agencies and the Politics of Creditworthiness*. Ithaca: Cornell University Press, 2005.

III – Repensar as relações entre as normas técnicas e as regras jurídicas

Face a este emprego crescente dos *standards* técnicos e dos indicadores administrativos, não podemos deixar de nos interrogar sobre a validade e a legitimidade dessas normas, da mesma maneira, sobre a necessidade de repensar e reorganizar as relações que o Direito mantém com elas. Esta reflexão aparece tanto mais urgente quanto a tendência que mostramos através da análise de diversos exemplos é realmente global no sentido de que, longe de se limitar às operações transnacionais ou às instituições da governança mundial, as normas técnicas e de gestão investem e colonizam o conjunto dos campos sociais em todos os níveis, inclusive nacionais, locais e setoriais, e invadem progressivamente todos os aspectos da vida pública até, e inclusive, no campo da intimidade.

a) A legitimidade dos *standards* e dos indicadores

Embora a questão da legitimidade dos *standards* técnicos não seja ainda objeto de um discurso muito articulado, por falta de um verdadeiro debate público sobre esta questão, podemos observar três argumentos principais mais ou menos explícitos na própria definição de normas técnicas e justificações dadas ao desenvolvimento destes instrumentos, que merecem ser submetidos à prova da crítica.

O primeiro argumento consiste simplesmente no fato de que os *standards* e as normas técnicas seriam precisamente técnicas, ou seja, desprovidas de qualquer alcance político. Encontramos esta distinção entre as normas técnicas que administram as coisas e as regras políticas e jurídicas que governam os homens, desde o início e ao longo deste estudo. O argumento tira sua força da "Constituição moderna", enquanto separa precisamente os objetos dos sujeitos, as leis da ciência e as normas da técnica, de um lado, e, do outro, as instituições jurídicas e as regras jurídicas. Ele preenche, na realidade, uma função essencialmente ideológica, que consiste em mascarar a natureza política das escolhas da qual procedem as normas e os efeitos que elas produzem.[129] A administração das coisas não constitui um modo de regulamento das condutas menos que o próprio governo dos homens. O mesmo se aplica, aliás, em matéria jurídica. O direito das propriedades não produz efeitos menos políticos que os direitos das pessoas, especialmente em termos de alocação de recursos. Isto serve também tanto para matéria técnica quanto para normas administrativas que integram o campo dos *standards* técnicos e que se tratam efetivamente de meios de dirigir os homens e os comportamentos.

Um segundo argumento, que veicula todas as definições dos padrões técnicos, aponta para o caráter puramente voluntário e consensual das normas que eles propõem. Os *standards* não trariam problema de legitimidade, desde que ninguém fosse obrigado a segui-los, ao contrário, pertence a cada um decidir livremente e positivamente adotar e respeitar um *standard* (*opting in*). De novo, este argumento, na realidade não é exato.

---

[129] No mesmo sentido F. X. DUDOUET, D. MERCIER e A.VION, "*Politiques internationales de normalisation. Quelques jalons pour la recherche empirique*", Revue Française de Science politique, 2006, p. 367-392. Entendemos aqui o termo "ideologia" no sentido de Marx como um discurso que disfarça a realidade com o fim de tornar esta ideologia legítima (v. por exemplo, L.ALTHUSSER, *Idéologie et appareil idéologique d' État (AIE)", Positions*. Paris: Sociales, 1976, p. 67-125).

Nas nossas sociedades tecnológicas, a maior parte de nossas atividades em rede, quer se trate de nos mover, comunicar ou trabalhar, são organizadas conforme os *standards*, dos quais é quase impossível se emancipar e que, na realidade, se impõem a todo mundo. O mesmo se aplica para os operadores econômicos, fabricantes, intermediários, fornecedores de bens e de serviços, comerciantes ou não comerciantes. A obrigação de respeitar o *standard* se impõe, na prática, com a mesma força constrangedora que a obrigação jurídica de circular à direita (ou à esquerda) na via pública. O fato que o próprio *standard*, à diferença da regra do Príncipe, se apresenta como puramente facultativo e está desprovido de qualquer *imperium*, não deve nos enganar. Não é preciso tratar o *standard* como uma fonte formal do Direito, que ele não é, mas considerar mais, de um ponto de vista pragmático, os efeitos de regulamento que ele produz.[130]

O terceiro e último argumento que afirma fundamentar a legitimidade das normas técnicas é provavelmente o mais denso e o mais fundamental filosoficamente, mesmo que seja usualmente invocado de maneira anódina, principalmente para persuadir as pessoas hostis ou desconfiadas do caráter inofensivo dos processos de normalização em projeto ou em andamento. Este argumento consiste em dizer que o padrão técnico, ou o indicador, não cria verdadeiramente a norma. Ele só aumenta ou contribui para o surgimento de uma norma que procede, na realidade, da *natureza das coisas* ou das necessidades da vida social. Assim, nas técnicas de governança política, gestão de empresas ou de comércio para coletar sistematicamente e de forma sustentável uma série de dados, determinados por certo número de indicadores, que permite definir

---

130 Ver, B. FRYDMAN e G. LEWKOWICZ, "*Les codes de conduite, source du droit global ?*", *in* I. HACHEZ *et al.* (dir.). *Les sources du droit revisitées : normativités concurrentes*. Bruxelas: Anthemis, 2012, pp. 179-210, onde desenvolvemos o mesmo argumento pragmático à propósito dos códigos de conduta.

o desempenho de cada um dos atores e suas tendências, de compará-los, de classificá-los e de estabelecer um meio, ou melhor, um meio desejável (*benchmark*). A escolha dos indicadores é em si mesmo mais seguidamente precedida de um procedimento de enquete, que associa os trabalhadores e, ao mesmo tempo, as partes envolvidas, na análise das atividades e dos desempenhos desejados. Os objetivos confirmados por consenso tornam-se assim a norma e fixam para todos o objetivo a alcançar na dupla perspectiva de harmonização e de melhoria contínuas. Da mesma forma para as normas técnicas, a escolha de cinco larguras diferentes para a distância entre os trilhos das vias férreas, ou entre múltiplas normas de telefones celulares ou de formato digital dos "arquivos" decodificadores de palavras, de sons ou de imagens, parece seguir um processo natural que, em todo caso, ninguém controla completamente e que depende inteiramente de leis físicas, do estado das técnicas, das possibilidades de fabricação e da distribuição, da qualidade do desempenho, das expectativas dos usuários, das restrições da tecnologia anterior (*technology path*), etc. Esse tipo de argumento é conhecido, tirado da necessidade da vida social e da natureza das coisas, a que os próprios juristas, aliás, não deixam de recorrer; este é o argumento do Direito Natural.[131] As normas técnicas e os indicadores não procederiam de uma vontade política que se trate de impor à sociedade, e que deva ser, portanto, legítima e válida. Elas seriam menos decididas do que descobertas progressivamente em favor de um procedimento que iria melhor promover a investigação científica e o desenvolvimento técnico do que a deliberação política. O exemplo do metro, definido a partir do meridiano terrestre, por uma comissão da Academia de Ciências na Revolução Francesa e, na base de uma redefinição fundamental de unidades

[131] Sobre esta questão, Ch. PERELMAN "*Droit positif et droit naturel*", *in Ethique et droit*, P.U. Bruxelas, 1990, p. 461 e seg., espec. p. 466-467.

de pesos, medidas e capacidades, consiste em uma ilustração notável da disposição para incluir a norma na própria natureza. A ideia presente nesta longa e difícil tarefa de cálculo era que apenas um padrão inscrito em uma medida física poderia escapar ao arbitrário e alcançar assim, ao mesmo tempo, a permanência e a universalidade.[132]

Isto se reflete, igualmente, aliás, nos procedimentos dos organismos de normalização que, em todos os níveis, privilegiam a obtenção de um amplo consenso em oposição aos procedimentos de votos majoritários típicos das assembleias e dos modos de decisão política. O fato é que este argumento não resiste a um exame sério mais do que os dois precedentes. A escolha dos indicadores é decisiva, mesmo que os atores e, por vezes, os próprios autores só percebam mais ou menos claramente os desafios e os efeitos. A norma futura procede da escolha dos indicadores, e o quadro de registro de desempenho, se ele se apresenta como meramente descritivo, já é prescritivo, o que permite precisamente deduzir nele a norma.[133] Como escrevera Canguilhem, uma norma visa "fazer direito, endireitar, retificar. Normatizar é impor um requisito a uma existência, a um dado".[134] A elaboração dos indicadores e sua "melhoria" progressiva pode, pois, dar lugar a importantes lutas, onde, sob a máscara da especialização, se dissimulam conflitos de interesse. De igual modo, a escolha de diferentes padrões técnicos, no campo da eletricidade e das vias férreas, ou hoje, da informática e das redes

---

[132] Esta história é muito bem contada por G. GUEDJ, em Le mètre du monde, pré-citado.

[133] Em Direito também, as regras se apresentam frequentemente em um estilo descritivo. O artigo 516 do Código Civil francês determina que "todos os bens são móveis ou imóveis" não descreve o mundo, não tão fielmente, ao menos, pois as árvores podem ser móveis (por antecipação) e as vacas imóveis (por destinação). Ele introduz, na realidade, dois regimes de regras muito diferentes no domínio dos bens, especialmente pela aquisição e perda da propriedade, as formalidades de transmissão, as garantias, etc.

[134] G. CANGUILHEM, *op. cit.*, p. 177.

de comunicação, não é o fruto da necessidade ou do acaso, mas das intensas lutas econômicas e políticas, sob formas variadas, que vão do compromisso razoável à guerra aberta, passando pelas lutas de influência, *lobbying* intensivo e campanhas de mobilização de opinião pública.[135]

Desde então, se os padrões e indicadores não são o que parecem ser, a saber, normas puramente técnicas, facultativas e neutras, mas muito mais modos de governança, que dirigem as condutas e produzem efeitos políticos, do que a questão de sua legitimidade está efetivamente colocada. Na ordem interna e europeia, a legitimidade das regras de Direito repousa em primeiro lugar, de um lado, sobre caráter democrático do procedimento de sua adoção; por outro, sobre sua conformidade com o Estado de Direito, sob o controle das jurisdições. Ora, os *standards* e os indicadores não apresentam claramente nenhuma das duas garantias. De uma parte, os organismos de normalização, ainda que organizem procedimentos de discussão e adoção que associam grupos de usuários e partes envolvidas, não são nada democráticos nem comparáveis às instâncias políticas.

Além disso, muitos dos padrões e indicadores são elaborados, como vimos, para além desses organismos, agrupamentos e associações diversas, às vezes até por uma única empresa ou clube muito fechado. De outra parte, todos os padrões e indicadores escapam, enquanto tais, a qualquer controle jurisdicional. A este respeito, a posição da Corte de Justiça da União Europeia, que declara inadmissíveis os recursos contra as normas técnicas europeias, na falta de interesse, é inteiramente reveladora de certo formalismo que conduz os juristas a fecharem os olhos para o alcance real dessas normas. Ela não está isolada, e é difícil ver como o recurso

---

[135] C. SHAPIRO e H. VARIAN, "The Art of Standards Wars", *California Management Review*, volume 41, 1999, p. 8-32.

contra os padrões e os indicadores poderia ser tratado pelos tribunais internos, sejam judiciários ou administrativos, muito menos diante de uma Corte Constitucional ou da Corte Europeia dos Direitos Humanos. Esta indiferença das instâncias políticas e judiciais se justifica tradicionalmente, como vimos, na posição infinitamente subsidiária das normas técnicas, na hierarquia das mesmas. Podemos, entretanto, nos perguntar se esta posição deve ser mantida enquanto as normas técnicas e os indicadores de governança concorrem com as regras jurídicas, substituindo-se a elas em domínios cada vez mais amplos e importantes, e até "pilotam" as regras de direito e as instituições políticas e judiciárias. Em nível global, que constitui, como o vimos, um terreno de predileção para o desenvolvimento dos *standards* e indicadores, o problema da legitimidade surge em termos diferentes, uma vez que não há instâncias democráticas de produção de direito, nem possibilidade de recurso jurisdicional. Estamos, entretanto, diante da mesma necessidade de pensar ou de repensar as relações entre, de uma parte, as regras e as instituições do direito internacional, e de outra, os *standards* e indicadores que ganham a cada dia mais força e importância.

b) As relações entre normas jurídicas e normativas

A tese jurídica clássica da posição subordinada e subsidiária, e até inexistente dos *standards* e indicadores, em relação às regras de Direito é bastante contestada, pela experiência que ela traz, não somente insustentável, mas imprudente. É importante refletir o custo das relações entre o Direito e as normas técnicas no mundo contemporâneo. Várias hipóteses divergem sobre esta questão, que tem especialmente provocado um debate interessante na filosofia do Direito alemão contemporâneo.

Em um primeiro cenário proposto especialmente pelo grande teórico dos sistemas sociais, Niklas Luhmann, a reorganização dos subsistemas sociais em nível global se traduziria pelo desaparecimento do Direito em benefício das regulamentações setoriais. Estas últimas, na classificação das quais é preciso alinhar os *standards* e indicadores, diferem fundamentalmente, segundo ele, das regras jurídicas, enquanto teriam um alcance mais cognitivo que normativo. No vocabulário de Luhmann, isto significa que elas têm como objetivo adaptar o comportamento ao desenvolvimento do sistema, em vez de a ele resistir ou transformá-lo, em vista de atender as expectativas em termos de justiça.[136] Luhmann vem, portanto, prever o fim do Direito como "anomalia europeia", do qual a globalização vai atenuar a importância.[137] Outros, no entanto, contestam essa previsão crepuscular e anunciam que o Direito conserva ou pelo menos deveria manter sua função essencial de mediador, que é a única que deve preencher. Tal é a posição defendida por Jürgen Habermas, que resulta precisamente de seu grande debate com Luhmann. Em *Direito e Democracia*, Jürgem Habermas propõe uma modelagem da sociedade dividida igualmente em subsistemas, mas na qual o Direito opera como uma "correia de transmissão".[138] Esta correia é pressuposto para substituir as aspirações da sociedade civil, e no melhor dos casos, impô-las aos subsistemas do mercado e da

---

[136] N. LUHMANN, *Sociologische Aufklärung*, II, 3. ed. Surkhamp, 1986, p. 63.

[137] N. LUHMANN, *Das Recht der Gesellshaft*, Surkhamp, 1993, p. 585.

[138] J. HABERMAS, *Droit et démocracie*, Gallimard, 1997. Sobre o papel do Direito na filosofia de Habermas, podemos nos referir ao meu artigo, "Habermas e a sociedade civil contemporânea" *in* B. FRYDMAN, ÉD. *La société civile e ses droits*, Bruylant, 2004, pp. 123-144. Sobre as relações entre o Direito e a Economia em Luhmann e Habermas, bem como na análise econômica do direito: B. FRYDAMN, *"Les noveaux rapports entre droit e économie: trois hypothèses concorrentes"*, in Th, KIRAT e E. SEVERIN (dir.), *Le droit dans l'action économique*, Paris: Ed. Du C.N.R.S., 2000, p. 25-41.

administração, em particular. Contudo, Habermas reconhece que o mais frequente é que essa correia funcione às avessas do sistema constitucional e permita ao mercado e à administração imporem, pelo Direito, suas disciplinas à sociedade civil, que se acha assim "colonizada" por esses sistemas. Entre os cidadãos, de uma parte, e, de outra, o mercado e a administração se encontram espaços públicos institucionais, o parlamento e os tribunais, onde se diz e se elabora o Direito em uma forma e linguagem que lhe permite, ao mesmo tempo, impor-se aos sistemas sociais e à sociedade civil. O Direito é assim tanto tradutor quanto mediador. Sem ele, os diferentes sistemas e instâncias sociais não poderiam mais se coordenar nem se ajustar. Em outras palavras, o Direito é o que faz a ligação, que mantém a unidade entre os diferentes subgrupos de uma sociedade complexa e fragmentada.[139] Em sua Teoria do Direito Global, Günther Teubner, apesar de ser discípulo de Luhmann, propõe um modelo finalmente bastante próximo do modelo de Habermas. Para Teubner e Fischer-Lescano, a sociedade global é uma sociedade fragmentada em setores, regulados por instâncias e normas específicas, de ordem técnica.[140] Quando a regulação dessas esferas entra em colisão com um objeto, cabe ao Direito assumir uma função de tradução e de mediação entre as regulações setoriais, formulando os termos do litígio, na perspectiva de um compromisso à arbitragem, e garantir assim, pelo menos à margem, uma função de coordenação intersetorial. Assim, sobre a questão dos medicamentos, o Direito interveio no conflito entre a lógica da proteção da propriedade intelectual e das patentes, de uma parte, e, de outra, a política da saúde

---

[139] Enquanto que para Luhmann, o Direito não é mais do que um subsistema entre outros, como o sistema econômico, a administração, a religião, sem posição privilegiada.

[140] A. FISCHER-LESCANO e G. TEUBNER, "*Regime-collisions: The Vain Search for Legal Unity in the Fragmentation of Global Law*", Michigan Journal of International Law, vol. 25 (2004), p. 999 e seg.

e das doenças epidêmicas e endêmicas, formulando os termos de um direito de acesso, dos países em desenvolvimento, às fórmulas patenteadas a um preço preferencial, diferente daquele praticado pelas companhias farmacêuticas nos países desenvolvidos. Para Teubner e Fischer-Lescano, como para Habermas, o Direito consegue, portanto, preservar uma função intersistêmica por sua propriedade única (ou, em todo caso, no qual faltaria a regulação técnica) de médio universal, o único capaz de traduzir para um sistema especializado as aspirações políticas, bem como as exigências de outros subsistemas. O Direito permanece assim, o grande integrador e a única garantia possível de coesão social. Esta tese encontra a oposição de Jean Carbonnier, para quem a norma jurídica dispõe de poder específico de ser "capaz de se apropriar de qualquer regra social", enquanto que "o inverso não é verdade".[141]

c) O estudo pragmático das interações entre as normas e as regras

Para além de suas divergências, todas as teorias partilham, com inúmeras outras, o fato de considerar a "internormatividade", para retomar a expressão de Jean Carbonnier, ou o "pluralismo normativo", para falar como William Twining,[142] sob a forma de uma relação entre os sistemas de normas. Trata-se de considerar as relações entre as normas técnicas e as regras jurídicas, à maneira de como o pluralismo jurídico ordenado tenta coordenar as relações das diferentes ordens jurídicas entre elas.[143] Tal maneira de ver, ca-

---

[141] J. CARBONNIER, "Les phénomènes d'internormativité", *in Essais sur les lois, Répertpoire du notariat Defrenois*, 1978, p. 256.

[142] W. TWINING, "Nornative and Legal Pluralism: A Global Perspective", *Duke Journal of Comparative and International Law*, vol. 20, p. 473-517.

[143] M. DELMAS-MARTY, *Le pluralisme ordonné. Les forces imaginantes du droit*, t. 2. Paris: Seuil, 2006.

racterística do pensamento moderno, especialmente continental, que representa o Direito sob o paradigma da ordem jurídica, aparece, entretanto, ao mesmo tempo massiva e muito exigente quanto às condições para reunir e para organizar as relações entre o Direito e as normas técnicas.

De um ponto de vista pragmático, caro à Escola de Bruxelas, esta abordagem por ordens ou sistemas não parece, necessariamente, como a mais iluminadora. Uma alternativa mais modesta, mas igualmente mais próxima das realidades da prática, consiste em observar como se opera sobre o terreno, em determinadas situações que serão definidas como contextos de ações, o encontro entre, de uma parte, normas técnicas e administrativas, e, de outra, regras jurídicas. A exploração de vários canteiros do Direito global nos fornece, em todos os setores, um grande número de situações em que as normas jurídicas e técnicas coexistem, competem ou são agenciadas segundo configurações diversas. Esta forma de análise é também preconizada e praticada, além da abordagem pragmática propriamente dita das normas, por diversas correntes resultantes da sociologia, especialmente da Sociologia do Direito,[144] ou da Economia, particularmente, a (neo)-institucionalista.[145]

[144] Nos referimos aqui aos trabalhos de J. COMAILLE, de J-G BELLEY e, especialmente, de A. J. ARNAUD. É necessário mencionar, igualmente aqui, os trabalhos da École de Nice, dita do "Direito Econômico", especialmente, os artigos que Laurence Boy consagrou às relações entre as normas técnicas e as normas jurídicas, por exemplo: *"Normes techniques et normes juridiques, Cahiers du Conseil Constitutionnel, n° 21, dossier "La normativité"*, janvier 2007.

[145] De maneira bem explícita sobre esta questão, ver a introdução na obra de Ch. BESSY, Th. DELEPEUCH e J. PÉLISSE (dir.), *Droit et régulations des activités économiques: perspectives sociologiques et institutionnalistes*. A obra, que se concentra nas relações entre o Direito e a Economia, distingue uma concepção "exógena" das relações entre Direito e Economia, privilegiada tanto por juristas positivistas e formalistas quanto por aqueles que dominam a análise econômica do Direito, pelo menos na abordagem clássica, de uma abordagem "endógena", à qual aqueles que contribuíram para com a obra se aliam. Eles indicam também, claramente: "As análises apresentadas no conjunto dos capítulos confirmam a constatação, estabelecidos há muito tempo, por diversas tradições sociológicas, de que não existe só uma relação

Ela conduz a resultados diversos e pode ser mais sutil que as teses intersistêmicas.

Assim, colocamos em evidência, na segunda parte deste estudo, certo número de situações de concorrência entre normas técnicas e jurídicas no meio ambiente global. No entanto, esses exemplos não confirmam necessariamente a tese da superioridade "internormativa" das normas jurídicas em relação às normas técnicas. Pode-se também observar situações inversas, onde dispositivos normativos de gestão, como o *benchmarking* e as classificações, são utilizados para tomar o controle e pilotar à distância o desempenho das regras de Direito e das instituições jurídicas.[146]

Mas a observação das práticas nos coloca também na presença de outros tipos de fenômenos, que escapam necessariamente a uma análise, em termos de relação de ordens, especialmente os casos de hibridização das normas técnicas e jurídicas, por efeito da inventividade da engenharia normativa e da pressão da "luta pelo direito".

O sistema de licenças negociáveis para poluir, estabelecido na sequência do Protocolo de Kyoto, especialmente no seio da União Europeia, no âmbito da política de redução das emissões de gás carbônico e da luta contra o aquecimento climático, nos dá um exemplo, particularmente intrigante, mesmo que no momento ele não funcione de maneira satisfatória. A engenharia jurídico-financeira estabeleceu um sistema de governança baseado na criação de um mercado artificial, no qual autorizações administrativas de emissão de gases

---

de exterioridade e de subordinação, mas, interações complexas e intrínsecas entre direito e desdobramento de atividades econômicas", (p. 10). Veja também, p. 19 e seg. sobre o tema noção de internormatividade.

146 Ver, especialmente, as agências de notação financeiras, bem como a classificação *"Doing Business"* e *"Rule of Law"* do Banco Mundial. De tais tentativas, existem tantas outras normas de mesma forma, quando se trata de normas jurídicas ou de normas técnicas e de gestão (como na elaboração dos índices produzidos, considerados sintetizados índices, por exemplo).

de efeito estufa na atmosfera estão inseridas nos títulos negociáveis, que são, em seguida, transacionados no mercado de modo a produzirem um preço de referência suscetível de determinar as escolhas dos agentes econômicos em termos de investimento em tecnologias limpas. Foi desenvolvido, portanto, de todas as peças, um dispositivo híbrido que abrange e ao mesmo tempo transcende as fronteiras da política, da economia e do Direito. Geralmente, podemos ver no desenvolvimento espetacular atual de moedas ditas complementares, dos instrumentos híbridos de regulação, que podem ser interpretados como feixes de normas em circulação. Num outro domínio, pode-se observar com particular interesse a integração das normas diretamente nos instrumentos informáticos, como *softwares* ou protocolos, que tem o efeito de restringir ou conduzir os processos de decisão, a organização da governança ou, mais diretamente, o comportamento dos atores.[147]

A abordagem pragmática das normas neste contexto nos traz, ainda, outras lições úteis. Ela destaca em particular o caráter "disponível" dos dispositivos técnicos e de gestão, que de alguma forma estão à disposição dos atores que dominam a técnica e podem implementá-los a um custo relativamente reduzido. Assim, as técnicas das agências de notação financeira estão limitadas por agências não financeiras que avaliam o desempenho das empresas nos termos de sua responsabilidade social e de sua contribuição para o desenvolvimento sustentável. Podemos classificar os Estados em função de sua abertura aos investimentos estrangeiros, mas também pelo grau efetivo de proteção aos direitos humanos que concedem a seus cidadãos que estão longe da pátria ou àqueles que permanecem em seu território. Não seria conveniente qualificar a tese segundo a qual as normas servem sempre como fins hegemônicos, uma vez que,

147 Sobre esta questão, veja a obra fundadora de L. LESSIG, *Code and the Other Laws of Cyberspace*, New York: Basic Books, version, 2.0, 2006.

na prática, se conseguiria retornar a essas ferramentas a serviço de empresas de capacitação? Uma vez mais, ao invés de se fechar em um julgamento apressado, o que importa é estudar primeiro o instrumento e testar seu potencial. O que não nos dispensa, contudo, de uma verdadeira reflexão filosófica sobre como essas normas alteram profundamente nossa relação com o mundo, senão o próprio mundo.

Concluindo, acreditamos ser necessário e urgente que o jurista se emancipe de uma concepção muito estreita, formal e rígida, a fim de voltar seu olhar, seu interesse e seus estudos para o campo mais vasto da normatividade, em toda a diversidade de suas formas e de suas[148] técnicas. Já é tempo, e, aliás, muito excitante, de completar a teoria do direito por uma teoria das normas, que analisará os modos de elaboração e aplicação, as instituições específicas, a dinâmica e os conflitos, etc. Certamente, o jurista não será o único a ocupar esse terreno, onde será necessariamente chamado a trabalhar e dialogar, em estreita colaboração ou em concorrência, com o sociólogo, o economista, o administrador e o engenheiro, e também o filósofo. Mas ele não tem outra alternativa senão a de se engajar na exploração destas "terras desconhecidas", se ele quiser manter sua eminente função de especialista em normas. Pois, como já acontecera muitas vezes na história, a noção, o domínio, os meios e as técnicas do Direito evoluem. O desejo do jurista em continuar o mestre não pode se fundamentar em um suposto monopólio, mas unicamente em seu trabalho e seu talento.

[148] No mesmo sentido, veja os trabalhos já publicados e em curso, de Catharine THIBIERGE, especialmente, *La force normative. Naissance d'un concept*, Paris-Buxelles, LGDJ-Bruylant, 2009 e *La densification normative*, Paris: Mare et Martin, 2013.

Impressão:
Evangraf
Rua Waldomiro Schapke, 77 - POA/RS
Fone: (51) 3336.2466 - (51) 3336.0422
E-mail: evangraf.adm@terra.com.br